SHODENSHA
SHINSHO

なぜアメリカは、
戦争を仕掛けたのか

英明
ー・S・ストークス

祥伝社新書

まえがき

一九四五（昭和二十）年八月に終わった日米戦争とは、いったい何だったのだろうか。日本が侵略国家であって、その責任を一方的に負わねばならないのだろうか。

日本は一九四一（昭和十六）年十二月に、アメリカ、イギリス、オランダに対して開戦したが、はたして日本が加害者であって、米英蘭の三カ国と、その植民地支配を被《こうむ》っていたアジア地域が、被害者だったといえるのだろうか。

あの戦争へ導いた歴史を、公平に検証すれば、アメリカが日本に対して仕掛けた戦争だった。

日本国民にとって、先の対米戦争と幕末における明治維新が、日本の近代史における二つのきわめて重い体験となった。

明治維新が「御一新」と呼ばれ、昭和二十年の夏までの日本をつくったように、先の敗戦が日本を再び大きくつくり替えた。

日本は昭和に入って日米関係が対立を増してゆくなかで、困難を打開しようと、真剣な努力を続けたのにもかかわらず、追い詰められていった。

本書は日米開戦に至るまで時系列的に、日本とアメリカの両国の記録を用いて、東京とワシントンにおいて何が起こっていたのか、対比したものである。

狂乱の時代だった。日本はアメリカによって、翻弄《ほんろう》された。

東郷茂徳《とうごうしげのり》外相は、誠意の人だった。「ハル・ノート」を受領した時に、「自分は目も眩《くら》むばかりの失望に撃たれた」と述べ、「米国が今までの経緯および一致せる範囲を凡《すべ》て無視し、従来とった尤《もっと》も強硬な態度をさえ超えた要求をここに持ち出したのは、明らかに平和的解決に到達せんとする熱意を有しないものであり、唯日本に全面的屈伏を強要するものである。（略）これは日本の自殺と等しい。（略）もはや立ち上がる外《ほか》ないと云うことであった」と、A級戦犯として囚《とら》われて、獄中で病死する前に記した。

開戦の詔勅が「今ヤ不幸ニシテ米英両国ト釁端《きんたん》（戦端）ヲ開クニ至ル洵《まこと》ニ已《や》ムヲ得ザルモノアリ豈《あに》（どうして）朕《ちん》ガ志《こころざし》ナランヤ」と述べ、「事既《すで》ニ此《ここ》ニ至ル帝国ハ今ヤ自存自衛ノ為蹶然《けつぜん》起《た》ッテ一切《いっさい》ノ障礙《しょうがい》ヲ破砕スルノ外ナキナリ」という言葉が続くが、今日読んでも、胸が熱くなる。

本書の共同執筆者であるストークス氏は、『ザ・タイムズ』紙、『ニューヨーク・タイムズ』紙などの東京支局長を歴任した、イギリスの大記者である。

ストークス氏は、アメリカはペリーの浦賀《うらが》来航以来、傲《おご》る白人優位主義と、キリスト教世界観によって駆られて、日本を屈従させようとしてきたと、論じている。ペリーは『遠征記』のなかで、日本を「国際社会の一員にし、われわれの宗教の恩恵のもとに置く事業は、始まったばかりである」と、述べている。

ペリーが久里浜《くりはま》に上陸して、幕府に不平等条約を強《し》いた時に、日本には椅子《いす》がなかった。そこで、幕府は今日の神奈川県中の村役人に命じて、寺から曲彔《きよくろく》（仏僧が法事に用いる椅子）を集めさせた。

私は幕吏とペリー一行が、さまざまな曲彔に座って相対している銅版画を、私蔵している。これは、江戸時代の日本を葬《ほうむ》る法会《ほうえ》となった。

いや、今日の日本のありかたを見ると、日本そのものを葬る法会だったのではなかったのか。

平成二十四年六月吉日

加瀬《かせ》　英明《ひであき》

目次

第一部　アメリカに強要された日米戦争の真実　加瀬英明

第1章　ルーズベルトが敷いた開戦へのレール

アメリカの決意、日本の独り芝居　16
ルーズベルトによる敵対政策の始まり　19
なぜルーズベルトは、中国に肩入れしたか　22
中国空軍機による九州来襲　27
日本の外交暗号をすべて解読していたアメリカ　31
中国軍に偽装した日本本土空襲計画　33
日本を戦争におびき寄せた本当の理由　35

目　次

ルーズベルトを喜ばせた三国同盟の締結　38
着々と進む日本追い詰め政策　41
開戦五カ月前に日本爆撃を承認した文書　45
「日本という赤子をあやす」　50
直前まで対米戦争を想定していなかった日本　53
日米首脳会談に望みをかけた近衛首相　57

第2章　米政府が秘匿した真珠湾の真実

開戦を前にした昭和天皇の懊悩《おうのう》　62
山本五十六《やまもといそろく》の無責任発言　66
アメリカに筒抜けだった連絡会議の結論　69
日本艦隊の攻撃を待ちのぞむアメリカ　74
開戦強要の最後の一手　76
その時、ルーズベルトは何をしていたか　80

なぜ新鋭艦が真珠湾にいなかったのか 82
万策尽きての開戦決定 84
暗号解読で、事前にすべてを承知していたアメリカ政府 87
ハワイにだけは情報を伝えなかった謎 91
アメリカの参戦決定と、チャーチルの感激 95
ルーズベルトは、いかにして四選を果たしたか 100
終戦の方策を考える余裕すらなかった日本 101
アメリカで追究された真珠湾奇襲の真相 104
終戦一年半前に作られた日本占領統治計画 105
日本国憲法にこめたアメリカの狙い 108

第3章　日本人が知らない日本の歴史的功績

盧溝橋事件は日本の仕掛けではなかった 112
東京裁判で裁かれた「平和に対する罪」とは 115

日米戦争の原因の一つは人種差別　120
トルーマンもマッカーサーも、人種差別主義者だった　124
トインビーが日本に与えた歴史的評価　127
軍人としては無能だったマッカーサー　128
マッカーサーの日本非武装中立論　131
日本の〝宗教改革〟を企《たくら》んだマッカーサー　134
ルーズベルトを「狂人」と呼んだフーバー元大統領　139

第4章　この教訓から何を学ぶか

国際政治は、いかに非情であることか　144
まやかしの「平和主義国家」　147
無責任なコンセンサスに縛られた「日本国憲法」　149
小室直樹《こむろなおき》氏の吉田茂《よしだしげる》に対する辛辣な評価　152
インドとインドネシアの独立に果たした日本の役割　158

第二部　ペリー襲来から真珠湾への道　ヘンリー・S・ストークス（訳／藤田裕行） 10

第1章　一〇〇年にわたるアメリカの野望

アメリカが隠蔽してきた史実　166
三島由紀夫《みしまゆきお》と「黒船」　168
ペリーという〝海賊〟が犯した罪業　171
「神の意志」によって正当化された侵略行為　179
日本に埋蔵されていた「黒いダイヤモンド」　181
ペリーの野望が結実した横須賀《よこすか》米海軍基地　184
世界一の文化都市だった江戸　186
アメリカ人が持っていたひどい偏見　189
日本という獲物を虎視眈眈《こしたんたん》と狙う列強　192
「レイプ・オブ・江戸」　195

わざわざペリー艦隊の艦旗を取り寄せたマッカーサー　198

第2章　ペリーが開けた「パンドラの箱」

パリ講和会議における日本の人種差別撤廃提案　202
白人不敗神話の終焉と日本　210
インドネシア独立に果たした日本の功績　213
独立記念日の日付は、なぜ０５８１７なのか　215
インドネシア独立戦争で戦死した一〇〇〇人の日本兵　217
イギリスのインド支配とチャンドラ・ボース　221
日比谷公会堂で行なわれたボースの演説　223
インパール作戦は、けっして犬死にではない　229
公開された日本本土侵攻作戦計画　233
アメリカ政府が弄した奸計《かんけい》　235
「パンドラの箱」とは何か　237

第一部　アメリカに強要された日米戦争の真実

加瀬英明

第1章　ルーズベルトが敷いた開戦へのレール

アメリカの決意、日本の独り芝居

過去の歴史を支配する者は、未来も支配する。
日本は先の戦争に敗れてから、自国の歴史を盗まれてしまった。歴史を失った国となった。

今日、日本国民の多くが、先の対米戦争が日本が仕掛けた無謀な戦争だったと、信じこまされている。

だが、事実はまったく違う。アメリカは日本が真珠湾を攻撃するかなり前から、日本と戦って、日本を屈服させ、日本を無力化することを決定していた。

日本は一九四一（昭和十六）年十二月八日（日本時間）、真珠湾に停泊していたアメリカ太平洋艦隊を奇襲したが、日本政府と軍部は、その直前まで、日米戦争を回避しようとして、真剣に努力していた。

日本政府は当然のことに、アメリカも日本と同じように平和を望んでおり、緊迫しつつあった両国関係の緩和を、望んでいると考えた。

アメリカも日本と同じように、誠《まこと》がある国だと、思い込んでいた。それがとんでもない間違いだったと気付くのは、ずっと後のことだった。

日本は罠《わな》を仕掛けられたのだった。ルーズベルト政権による陰謀にはめられ、断崖絶壁まで追い詰められて、やむにやまれず開戦に踏み切ったのだった。

日本はアメリカが、日本のほうからアメリカに戦争を仕掛けてくるように、企《たくら》んでいたのに気付かず、政府と軍をあげて独り芝居を演じていた。

独り芝居は相手がいなかったり、いても相手にかまわずに、独りで自分勝手に思い込んで、夢中になって一喜一憂しながら、振る舞うことである。

二葉亭四迷《ふたばていしめい》（一八六四年〜一九〇九年）は小説『浮雲』のなかで、主人公が「独り演劇《しばい》、泡《あわ》を嚙んだり、拳《こぶし》を握ったり」して、うつつを抜かす、滑稽《こっけい》で、悲しいさまを描いている。

この間、まさに日本は国運がかかっていたというのに、独り芝居をしていた。

日米戦争は起こるべくして、起こったのではなかった。その責任は、アメリカにあった。

フランクリン・デラノ・ルーズベルト大統領は、一九三三（昭和八）年に登場した。ルーズベルトはニューヨーク州知事だったが、前年の大統領選挙で民主党候補として、共和党の現職のハーバート・フーバー大統領を破って、当選した。

フーバー大統領の任期中である一九二九（昭和四）年に、ニューヨーク株式市場の大暴落に発する世界大恐慌が起こった。ルーズベルトは大恐慌を追い風として、第三十二代大統領となった。

ルーズベルトは、オランダ系のニューヨーク州の実業家で大地主であったジェームスを父として、フランス・オランダ系の富裕なデラノ家の娘のサラを母として、一八八二（明治十五）年に生まれた。

デラノ家は清朝末期に、中国とのアヘン貿易によって巨富を築いた。そのうえで、アメリカ西部の鉄道建設と、石炭採掘に投資して成功した。

デラノ家は、香港にも豪邸を所有していた。サラは少女時代に香港に滞在したことがあって、中国に愛着を感じるようになった。

ニューヨーク州のハドソン河上流の河畔のハイドパークにある、ジェームスの広壮な邸宅は、本館、図書棟、客の宿泊棟、使用人棟などの、いくつもの棟によって構成されていた。

本館には、中国から略奪してきた古寺の鐘《かね》や、高価な屏風《びょうぶ》や陶器が飾られていた。これらの中国の美術品は、デラノ家から受け継いだものだった。

ルーズベルト大統領は、この父譲りの邸宅を本宅として使って、しばしば客をもてなした。食事は、いつも執事《バトラー》が鳴らす中国の鐘を合図として、始められた。

ルーズベルトは一九〇五（明治三十八）年に、第二十六代大統領として有名なセオドア・ルーズベルトの姪で、遠縁の従姉妹に当たったアンナ・エレノア・ルーズベルトと結婚した。

セオドア・ルーズベルトは、日露戦争までは、日本に好意をいだいていたが、日本がロシアに勝つと、日本を、アメリカがアジア太平洋において持っていたフィリピン、グアム、ハワイなどの領土や、中国大陸にあるアメリカの権益に対する、新たな脅威とみなすようになった。

ルーズベルトによる敵対政策の始まり

フランクリン・デラノ・ルーズベルト政権が、日本に敵対する政策を最初に打ち出したのは、一九三六（昭和十一）年のことだった。

日本が真珠湾を攻撃する五年前に当たったが、この時点で日本は、アメリカに対していささかの害も及ぼしていなかった。

ルーズベルト大統領は日本に対して根深い悪意をいだいていたから、中国の蒋介石《しょうかいせき》政権を通して、日本を踏み潰《つぶ》すことをはかった。

蒋介石政権に対する援助は、ルーズベルトの意を受けて、大統領直属のロクリン・カリー補佐官が指揮した。

この年七月二十日に、蒋介石政権の航空委員会は、アメリカ陸軍航空隊から退役する寸前だったクレア・シェンノート大尉を、中国空軍の軍事顧問として高給で雇った。

蒋介石は「共匪《きょうひ》」と呼んでいた中国共産党軍を掃討するために、近代的な空軍を養成することを欲していた。蒋政権はイタリアとソ連から空軍機を購入し、多くの教官を受け入れていた。なかでも、ナチス・ドイツは大型の陸軍顧問団を送って国民党軍を訓練し、大量の兵器を売っていた。

翌年七月に盧溝橋《ろこうきょう》事件が起こり、日華事変が始まると、アメリカは中立国であったために、政府として交戦国を直接援《たす》けることはできなかった。そのため、ルーズベルトは親友だったトミー・コルコランに、民間の「中国援助事務所」を設立させて、蒋介石政権が日本と戦うために必要とする巨額の資金を提供した。同時にシェンノートは大佐として迎えられ、中華民国空軍航空参謀長として任命された。

シェンノートはアメリカに戻ると、蔣介石政権に、戦闘機とアメリカ陸軍航空隊のパイロットを「義勇兵」として提供する案を、ルーズベルトに提出した。ルーズベルト大統領によって、この提案はただちに承認され、計画を実現することを命じる極秘の大統領令が発せられた。

アメリカの航空兵が中国軍人として、アメリカが供給する戦闘機に中国空軍の「青天白日」のマークをつけて、日本軍と戦うことになった。

シェンノートは部下と手分けして、全米の陸海軍、海兵隊、沿岸警備隊の航空基地を訪れ、「義勇兵」として中国に渡って戦うことを志願するように、呼びかけた。

アメリカの「義勇兵」は、いったん軍籍を離れて中国軍人として戦うものの、中国における雇用期間が終わった後に、アメリカ陸海軍に復帰することが保証された。したがって、「義勇兵」とはいうものの、現役軍人と変わらなかった。これは、国際法の重大な違反だった。

シェンノートの飛行隊は「アメリカ義勇隊《アメリカン・ボランティア・グループ》」と呼ばれたが、機首に猛虎をあしらったマークを塗っていたことから、ほどなく「フライング・タイガーズ」として、知られるようになった。

なぜルーズベルトは、中国に肩入れしたか

一九三五（昭和十）年、アメリカ議会は与党だった民主党の圧倒的な支持によって、中立法を制定した。第一次世界大戦の轍《てつ》を踏むなという世論を、背景としたものだった。

中立法は他国と戦争状態にあるか、内戦を戦っている国への兵器と軍需品の輸出を、禁じた。

それにもかかわらず、一九三七（昭和十二）年八月に、第二次上海事変が勃発《ぼっぱつ》すると、ルーズベルトはその月のうちに、中立法を中国には適用しないことを、宣言した。

ところが、アメリカの世論は、第一次大戦がもたらした惨禍に懲りて、ヨーロッパの戦争に二度と巻《ま》き込まれてはならないと主張する孤立主義《アイソレーショニズム》によって、支配されていた。

これは、第二次大戦の後に、日本を今日に至るまで束縛している平和主義に、よく似ていた。

第一次大戦に参戦した過《あやま》ちを繰り返すことが、けっしてあってはならないという厭戦《えんせん》感情が、アメリカ国民のあいだで圧倒的な力を持っていた。

なかでも、アメリカの国民的な英雄だったチャールズ・リンドバーグと、フォード自動車の創業者のヘンリー・フォードが、アメリカ第一《ファースト》主義運動の立役者だった。

リンドバーグはラジオを通じて、あるいは集会において、アメリカが海外の紛争に絶対に介入してはならないと、訴えた。

リンドバーグは、一九二七（昭和二）年に愛機『スピリット・オブ・セントルイス』を駆って、ニューヨーク・パリ間の飛行にはじめて成功して、全世界を沸かして時代の寵児《ちょうじ》となっていた。

それでも、当時のアメリカは、ルーズベルトをはじめとする多くの国民が、中国がアメリカの勢力圏のなかにあると、みなしていた。

中国はアメリカから、多くのキリスト教宣教師を受け入れていた。同時にアメリカ国民も〝巨大な中国市場〟を夢みて、中国に好意を寄せていた。それに対して、日本はアメリカに媚《こ》びることがなく、伝統文化を頑固に守り、キリスト教文明に同化しない異質な国だった。

ルーズベルトは幼少のころから、母側の祖父の影響を受けて、中国に好意をいだいていた。そして、アメリカのキリスト教宣教師が中国全土で活躍しているのを、喜んでいた。大統領になった後にも、祖父が中国の汕頭《スワトウ》、広東《カントン》、漢口《かんこう》などを広く旅行した話を、楽しそうに紹介した。

ルーズベルトは十歳の時から生涯にわたって、切手の蒐《しゅうしゅう》集を趣味とした。母から貰《もら》った清朝末期や、古い香港の切手が自慢だった。大統領となっても毎日、就寝する前に一五分か二〇分間は、切手のアルバムを取り出しては、眺めた。生涯で一二五万点もの、切手を集めた。

ところが、ルーズベルトもその側近たちも、中国についてまったく無知だった。後に首相となった近衛文麿《このえふみまろ》公爵が、一九三四（昭和九）年五月に横浜を発《た》って、アメリカを訪問した時に、ルーズベルト大統領とコーデル・ハル国務長官と会見している。近衛は帰国後に、記者会見の席上で、「ルーズベルトとハルは、極東についてまったく無知だ」と語って、新聞の一面に大きく取り上げられた。

一国の大統領や、要路の高官を公《おおや》けの場で、そのように批判するのは、賢明とは言えないが、近衛の発言は的を射ていた。

日独伊三国に向けられた「防疫演説」

一九三一（昭和六）年に、満州事変が勃発した。満州は万里《ばんり》の長城の外にあって、歴史的に満族の地であり、中国の一部ではない。漢人の立ち入りを、禁じていた。

ルーズベルトはそれにもかかわらず、日本が中国を侵略したとみなした。

つづく日華事変にしても、日本から仕掛けたものでは、けっしてなかった。戦後になって、日華事変は日中戦争と呼ばれるようになったが、日本も中国も、日米戦争が始まった一九四一（昭和十六）年十二月まで、互いに宣戦布告をしなかったから、日華事変と呼ぶほうが正しい。

一九三七（昭和十二）年七月七日に、北京から南一二キロの盧溝橋付近で、日中両軍が偶発的に衝突した事件から日華事変は始まったとされているが、今日では中国共産党の挑発によって起こったことが、明らかとなっている。

つづく八月に起こった第二次上海事変によって、日中の衝突が拡大して戦闘が本格化した。これも、中国共産党によって仕掛けられた策略だった（盧溝橋事件から始まって、日華事変が拡大していった経由については、第3章で述べよう）。

ところが、ルーズベルトは他の多くのアメリカ国民とともに、盧溝橋事件も、第二次上海事変も、日本が中国を計画的に侵略したものだと、曲解した。

ルーズベルト大統領は、中立法から中国を除外すると宣言した二カ月後に、シカゴにおいて、国名を明らかにしなかったが、ある国々を「国際的な無政府状態」を引き起こしている国家として、非難した。

シカゴは中立主義の牙城《がじょう》として、知られていた。

誰の目にも、ルーズベルト大統領が言及した諸国が、日本、ドイツ、イタリアの三国を指していたことが、明らかだった。

ルーズベルト大統領は、アメリカが中立主義から離れて、平和愛好諸国と協力して、これらの国の侵略行為を阻止しなければならないと、訴えた。

日本、ドイツ、イタリアを危険な疫病患者になぞらえた「防疫演説《クアランティン・スピーチ》」として、後に有名になった演説である。

この演説は、ルーズベルト大統領が中立法から一歩踏みだした、最初のものとなった。

多くの上下院議員から、この演説に対して非難の声があがった。六つの主要な平和団体が、「アメリカを世界戦争に導こうとしている」という宣言を採択するかたわら、アメリカ労働総同盟（AFL）が「アメリカの労働者はヨーロッパの戦争にも、アジアの戦争にも巻き込まれたくない」と、緊急決議を行なった。

アメリカの有力新聞も、この演説をいっせいに批判した。

それもあって、日本ではルーズベルト大統領が日本に対して邪《よこしま》な陰謀を進めていることを、まったく察知することもなく、この演説を重くみることもなかった。

中国空軍機による九州来襲

翌年の一九三八（昭和十三）年五月二十日の午前四時ごろに、数機の中国空軍機が九州の熊本県と、宮崎県の上空に侵入した。

日本は完全な奇襲を、蒙《こうむ》った。蔣介石政権は日本を威嚇《いかく》する効果を狙って、爆撃機を日本本土に侵入させたのだった。

飛来した中国機は、アメリカ製のマーチンB10爆撃機だった。ところが、B10は航続距離が短かったために、九州とのあいだを往復するには、機体を軽くする必要があった。そのため爆弾を搭載できなかったかわりに、ビラを投下していった。

これは、外国の航空機が日本の上空を侵犯した、史上最初の事例となった。

軍は中国機の侵入を許したことによって、面子《めんつ》が潰されたので、国籍不明機として扱った。そして、「日本労働者諸君に告ぐ」と題するビラが撒《ま》かれただけで、他に被害もなかったために、この事件をことさら軽視しようとした。

軍は国家よりも、面子を大切にしていた。

そのために、蔣介石政権が日本を威嚇しようとした目論見《もくろみ》が、外れた。

翌朝の朝日新聞は、「支那？　怪飛行機　九州に現はる　反戰ビラを撒き遁走」という見出しを組んで、次のように報じた。

「【熊本電話】二十日午前四時頃《ころ》熊《くま》本、宮崎《さき》兩縣下上空《くう》に國籍《せき》不明の飛《ひ》行機《き》一台《だい》現《あらは》れ約《やく》一時間にして太平洋《やう》上に機影《きえい》を沒《ぼつ》した、右飛《ひ》行直《ちょく》後球磨郡《くまぐん》四浦《うら》、多良《ら》木、黑肥地《ひち》、椎葉《は》山奥《おく》竝《ならび》に宮崎《さき》縣富《とみ》島附近《ふきん》に反戰《はんせん》ビラ多數《すう》が撒布《さっぷ》せられてあるのを發《はっ》見したので縣特高《とく》課《くわ》では直《ちょく》に隣接《りんせつ》各縣及西部防衞司令部監視網《ぶぼうえいしれいぶかんしまう》と聯絡《れんらく》をとり大活《くわっ》動を開始《かいし》したが、目擊《げき》者の談《だん》によれば右飛《ひ》行機《き》は白色ダグラス型《かた》にして發《はっ》見されたビラは『日本勞働《ろうどう》者諸《しょ》君に告《つ》ぐ』と題《だい》して激越《げきえつ》なる反戰的《はんせんてき》アヂ文句《く》を記せる長《ちょう》文のもので、撒布《さっぷ》せる現場《げんば》を目擊《げき》せる者はないがビラの撒布《さっぷ》された場所《ばしょ》が右飛《ひ》行機《き》のコースと略《ほぼ》一致《ち》せること、竝《ならび》にビラが樹《じゅ》上にも發《はっ》見せられること等《とう》により右飛《ひ》行機が撒布《さっぷ》したものではないかと推定されてゐる、なほ怪飛行機《くわいひき》の正體《たい》に付てはいまだ的確《てきかく》には判《はん》明せず撒布《さっぷ》されたビラの内容《よう》から見て支那飛行機《しなひき》ではないかと見られてゐるが徐《じょ》州攻略戰《こうりゃくせん》大勝《しょう》に沸《わ》き返《かへ》る同地《ち》方民は兒《じ》戲《ぎ》にも等《ひと》しい國内攪亂戰術《かくらんせんじゅつ》を一笑《せう》に付して何等《ら》人心に動搖《やう》はない」（ルビは原文のま

ま。以下同じ）

軍は飛来した中国機が三機であったのを把握していたのにもかかわらず、「國籍不明の飛行機一台」だけとして、発表した。

さらに、「笑止お祭騒ぎ　漢口では爆竹」という小見出しがあって、

「【ニューヨーク二十日發同盟】ニューヨークに達《たつ》したＡＰ漢《かん》口電《でん》によれば支那側《しながわ》は支《し》那機《なき》の九州来襲《しふ》を以て大戦果《せんくわ》を挙《あ》げた如《ごと》く針《しん》小棒《ぼう》大に報《ほう》道し漢《かん》口市内は爆《ばく》竹を上げるやら宛然《えんぜん》（注・まるで）戰捷《せんせふ》氣《き》分であるが、これは徐《じよ》州陥落《かんらく》をまぎらはすための宣傳《せんでん》であると見られてゐる」

と、述べている。続いて、「必死のデマ放送」という小見出しがあり、

「【北京特電二十日發】蔣《しやう》政権《けん》は徐《じよ》州會戰《せん》の慘敗《ざんぱい》による國民士氣《き》沮喪《そう》の防止《ぼうし》に躍起《やくき》となり一兩日來例《れい》の如《ごと》く空宣傳《せんでん》に狂奔《きようほん》してゐる、二十日朝にはラヂオを以て支那《しな》軍の爆撃《ばくげき》

隊《たい》が十九日日本本土に對《たい》し渡洋爆撃《とようばくげき》を敢《かん》行し、九州瀬戸《せと》内海を經《へ》て神戸《べ》、大阪《さか》の日本工業地帯《げふちたい》の心臓部《ざうぶ》に大爆撃《ばくげき》を行ひ大損害《そんがい》を與《あた》へたと國民に向《むか》つて放送《ほうそう》した」

と、報じている。

五月三十日午後九時に、中国機二機が鹿児島県南端から、再び九州に侵入した。この時は、西部防衛司令部が一時間一四分遅れて警戒警報を、その三八分後に空襲警報令を発令して、ラジオによって放送された。

敵機は午後十一時二十分に、爆弾もビラも落とすことなく、海上に退去した。この時も日本側は、迎撃機を発進させるいとまがなかった。

この直後に、国内防衛を担当していた参謀本部第四課が参謀総長に、「中国機の来襲は少数機、夜間という悪条件であったものの、現防空体制では来襲機の捕捉がきわめて困難である」と述べ、「相手国に補充、補給の能力があり、また空襲の企画があれば、わが制空の間隙を縫い空襲の実施が可能である」と、意見を具申した。

しかし、大本営は十一月三十日、十月に武漢《ぶかん》と広東を攻略したことによって、中国機による本土来襲の懸念が減ったと判断して、戦闘機の待機部隊に「命令受領後概《おおむ》ね十二時間以内に出動し得る準備に在《あ》らし」めるように命じて、戦備を緩めた。

日本の外交暗号をすべて解読していたアメリカ

ルーズベルト政権は一九三八（昭和十三）年七月に、アメリカの航空機と航空機部品の製造業者と輸出業者に対して、日本への航空機とその部品などの輸出を禁じるように、要請した。

一九三九（昭和十四）年九月一日に、ヒトラーのドイツがポーランドを侵略した。イギリスとフランスはポーランドの独立を保証していたために、その二日後に、ドイツに対して宣戦を布告した。

第二次世界戦争の幕が、切って落とされた。

アメリカはすぐに中立を宣言した。

この日、ルーズベルト大統領はラジオ演説を行なって、「私は戦争の惨禍をよく知っており、戦争を憎む。私はアメリカを戦争の局外に置きたい。私に力があるかぎり、アメリカの参戦を防ぐ」と、述べた。

日本では一九四〇（昭和十五）年八月に、本土の防空に当たるために、防衛総司令部がようやく新設された。

翌年七月に、防衛総司令部の隷下《れいか》の航空部隊の編成が完了した。しかし、その指揮下に置かれた戦闘機は、全国で一〇〇機に満たなかった。

高射砲も、砲弾も不足していた。東部軍司令部で模擬演習が行なわれたが、対空砲による来襲機の撃墜率は、〇・三パーセントとされた。一〇〇〇機に三機でしかない。

アメリカとソ連による本土空襲については、研究が行なわれたが、中国空軍による空襲はまったく想定していなかった。

一九四〇（昭和十五）年九月末から十月の第一週にかけて、アメリカ陸海軍の暗号解読班が、日本の外交暗号すべてと、日本海軍の暗号の一部を、解読することに成功した。

日本の外交暗号を「パープル・コード」と名付け、日本外交暗号の解読機械が「パープル・マシーン」と呼ばれた。「パープル・コード」解読はアメリカ陸軍作戦局軍事情報部が担当し、解読の作業班に、「マジック」という通称が与えられた。

これ以降、アメリカは日本政府の動きを、刻々と手に取るごとく、知ることができるようになった。

ハロルド・スターク海軍作戦部長は「マジック」を、「何とも素敵な仕掛け《スプレンディッド・アレンジメント》」と呼んだ。

中国軍に偽装した日本本土空襲計画

十二月八日に、ヘンリー・モーゲンソー財務長官は、ルーズベルト大統領とホワイトハウスで、昼食をとった。日本が真珠湾を攻撃する、一年前に当たった。

モーゲンソーは、毎日、克明な日記をつけていたが、翌日の日記に、大統領に対して「中国に長距離爆撃機を供給して、日本を爆撃するべきだと提案したところ、大統領が私に、『中国が日本を爆撃するなら、それは結構なことだ』と、語った」と、記した。

モーゲンソーはニューヨーク州ダッチェス・カウンティに、広大な農地を持っていたが、ルーズベルトと近所付き合いをするうちに、親密になった。ルーズベルトがニューヨーク州知事になると、モーゲンソーは農業問題諮問委員会委員長となった。

モーゲンソーはルーズベルトによって、深く信頼されるようになり、ルーズベルトが大統領になった後にも、「フランク」とファーストネームで呼ぶことができる一〇人あまりのなかの一人だった。モーゲンソーは財務問題にかぎらず、広く意見を述べて、その多くが採用された。

モーゲンソーは、日本爆撃計画に夢中になった。

十二月十日に、モーゲンソーはハル国務長官をたずねて、二日前に大統領と行なったばかりの会話を、取り上げた。

後に、モーゲンソーは備忘録に、ハルから、「彼ら（中国）に東京に爆弾を落とさせる、何かよい方法を考えたのか?」とたずねられ、アメリカの航空兵が中国空軍に偽装して、日本本土を爆撃する案を説明すると、ハルが明るく微笑《ほほえ》んで、「それは素晴らしいことだ。それならば、蔣介石に東京を空襲するという条件をつけて、長距離爆撃機を提供する用意があると、伝えたい」と答えたと、記している。

このうえで、モーゲンソーはハルに対して、「ではさっそく、この計画をスティムソン陸軍長官に話そう」と述べたと、つけ加えている。

モーゲンソー、ハル、スティムソンにフランク・ノックス海軍長官を加えた四人は、ルーズベルト内閣で、大統領にもっとも近い側近だった。

なかでも、スティムソンは日本を嫌っていた。後にスティムソンは陸軍長官として、広島、長崎に原爆を投下する決定を下した。

日本本土空襲のために、ボーイングB17大型爆撃機を使用することが、検討された。B17は四発で、一九三五（昭和十）年に初飛行したが、航続距離が三三〇〇キロもあった。通称、〝空の要塞《フライング・フォートレス》〟と呼ばれていた。

一九三九（昭和十四）年十二月二日、前年七月の決定につづいて、ルーズベルト政権は対日禁輸物資に、航空機の生産に欠かせないアルミニウム、マグネシウム、モリブデンを追加し、その四日後に、航空用ガソリンのプラント、航空用ガソリンの生産に役立つ考案、専門的情報を追加した。

さらに一九四〇（昭和十五）年七月二十六日、ルーズベルト政権は、翌年一月二十六日に失効することになっていた日米通商航海条約を、延長しないと決定した。日米通商航海条約は一九一一（明治四十四）年に、締結されたものだった。

日本を戦争におびき寄せた本当の理由

この年五月十四日に、ドイツの機甲師団がフランスが難攻不落を誇ったマジノ線を、一挙に突破して、六月十四日にパリを占領した。

六月二十二日に、フランスがドイツに降伏した。そうすることによって、ドイツがヨーロッパ大陸を制覇した。

この時から、イギリスは孤立無援の戦いを強《し》いられるようになった。チャーチル首相は屈することなく、ドイツがイギリス上陸作戦を準備し、連日空爆を加えると、「バトル・

オブ・ブリテン（英国の戦い）」と呼んで、徹底抗戦を誓った。

ルーズベルトはヒトラーが飽くなき征服欲に駆られており、イギリスが滅亡すれば、アメリカの滅亡をも招くと確信していた。

そこで、イギリスを救うために、アメリカがヨーロッパ戦争に参戦することを強く願った。ところが、孤立主義が厚い壁となって、立ち塞《ふさ》がっていた。

そのために、日本にアメリカとの戦争を強いて、ヨーロッパの戦争に裏口から入ることを、企てた。

ルーズベルト大統領は一九四〇（昭和十五）年に、三選目を目指していた。ルーズベルトが一九四四（昭和十九）年に四選を果たした後に、憲法が改められて、大統領の任期が二期までに制限された。

ルーズベルトは大統領選挙中に、アメリカ国民に向かって「われわれは外国の戦争に加わることは、絶対にしない。攻撃を受けた場合を除いて、アメリカ国外の戦闘に、陸海軍、空軍を派遣しない。われわれの外交政策は、これからも国土の安全と、平和の維持である」と、民主党が掲げてきた公約を、繰り返し訴えた。

共和党は、ルーズベルト大統領がアメリカをヨーロッパの戦争へ導こうとしていると、非難していた。

ルーズベルト大統領の支持率は、この時点で共和党のウェンデル・ウィルキー候補を、数パーセントだけ上回っていた。

この後のルーズベルト政権の対外政策は、〝参戦外交〟と呼ばれている。

九月三日に米英防衛協定が調印され、ルーズベルト大統領は、アメリカがイギリス領のニューファンドランドと、北大西洋のイギリス空軍、海軍基地を使用することと引き換えに、イギリスに五〇隻の旧型駆逐艦と、大量の小銃、機関銃、砲、弾薬を貸与することを決定した。これらの駆逐艦は第一次大戦後保存して、繋留《けいりゅう》されていたものだった。

ルーズベルトは、すぐにヨーロッパの戦争に参戦できなかったから、イギリスをあらゆる手段を用いて救おうと、決意していた。

ルーズベルト大統領は同時に、アメリカの国防力を強めるために、ウィルキー候補の同意を取りつけて、徴兵法案を議会に送った。

アメリカではヒトラーがイギリスを屈服させたら、南北アメリカ大陸の征服に乗り出す可能性があるとみていたから、民主党と共和党の多くの議員が国防力を強化することについて、異論がなかった。

これは、平時におけるはじめての徴兵法案だった。この法案によって、戦時になれば民需工場を軍需工場に転換することを命じることもできるようになった。法案は下院を一票の僅差《きんさ》によって、通過した。

ウィルキー候補はルーズベルト大統領が、イギリスへ駆逐艦を供給することを決定すると、「アメリカ史上において、大統領がこのように一方的で、独裁的な決定を行なったことは、かつてなかった」といって、非難した。議会では、共和党議員が「戦争行為《アクト・オブ・ウオア》だ」といって、口々に糾弾した。

ルーズベルトを喜ばせた三国同盟の締結

九月二十七日に、ベルリンにおいて日独伊三国同盟条約が、調印された。

日本の新聞は三国同盟を喝采《かっさい》して、沸き立った。九月二十八日の朝日新聞は、一面に「日独伊三国同盟成る」という大見出しを掲げ、「外交転換こゝに完成　世界新秩序の確立へ」「歴史的御前会議」「支那事変の解決促進　帝国の地位更に強化」「同盟の世界史的意義」「いまぞ成れり〝歴史の誓〟」という小見出しが、並んだ。

ルーズベルト大統領は、日本がドイツ、イタリアと三国同盟条約を結んだとの報《しら》せを聞くと、破顔して、微笑んだ。そして、側近に「これで、日本をわれわれとの戦争に誘い込める」と、語った。

三国同盟条約は、アメリカが日本に対する圧迫を強めつつあったのに、対抗するものとして結ばれた。ドイツ、イタリアと結べば、アメリカを牽制《けんせい》して、対日圧力を弱めることができると、期待したものだった。

陸海軍の多くの中堅幕僚が、ナチス・ドイツの挙国一致体制に心酔し、ドイツ軍による電撃戦の目覚ましい戦果によって、すっかり幻惑されていた。

これらの中堅幕僚は、ドイツがイギリス本土に上陸作戦を行なって、じきにイギリスを屈服させることができると予想して、ドイツと手を携えることを求めた。陸海軍が三国同盟を推進したうらには、ドイツの一時的な勝利に目がくらんで、「勝利バス」に乗り遅れてはならないという、便乗心が働いていた。

外務省では、広田《ひろた》弘毅《こうき》、吉田《よしだ》茂《しげる》、東郷《とうごう》茂徳《しげのり》、重光《しげみつ》葵《まもる》の重鎮や、現役の大使が三国同盟に反対した。海軍では、米内《よない》光政《みつまさ》をはじめ、一九四〇（昭和十五）年に駐米大使として起用された野村《のむら》吉三郎《きちさぶろう》、山本《やまもと》五十六《いそろく》をはじめとする将官が反対した。親独派将校の言動には、目に余るものがあり、蔭《かげ》で「日系独人」とか、「独系日人」などと呼ばれていた。

だが、三国同盟にはアメリカを牽制する効果は、まったくなかった。かえって、ルーズベルト政権を硬化させた。それにしても、戦争状態にある国と同盟条約を締結するのは、異常なことだった。

三国同盟によって、世界が日独伊の枢軸国と、それに対するイギリス、アメリカなどの民主諸国に二分された構図を、つくってしまった。

天皇は日独伊三国同盟が、対米戦争を招くことになるのではないかと、不安を隠されなかった。

九月十六日、天皇は近衛首相が日独伊三国同盟条約締結を奏上した時に、

「海軍はどうだろうか？　よく自分は海軍大学の図演（図上演習）で、いつも対米戦争に負けるということを聞いているが、大丈夫だろうか？

まことに、自分は心配だ。万一、日本が敗戦国となった場合、いったいどうだろうか？

その場合、近衛は自分と労苦をともにしてくれるだろうか」

と、語っておられる。

着々と進む日本追い詰め政策

十月七日に、海軍情報部（ＯＮＩ）《オフィス・オブ・ネイバル・インテリジェンス》極東課長のアーサー・マッコラムが、上司を通じて、大統領に日本をどのようにして対米戦争まで追い詰めるか、提案書を提出した。

ルーズベルト大統領はマッコラムの提案を、ただちに承認した。

マッコラムの提言は、蔣介石政権に可能なかぎりの支援を行なう、米英が協力して日本に対して完全な禁輸を実施する、蘭印（今日のインドネシアは、オランダ〈蘭〉領東インド諸島と呼ばれた）に日本へ石油を輸出させない、日本を挑発するために、日本近海に巡洋艦を出没させるなどの項目から、成り立っていた。

マッコラムは一八九八（明治三十一）年に、バプティスト派教会の宣教師の子として、長崎で生まれ、父が日本で客死するまで、少年期を日本で過ごした。帰国してアナポリス海軍兵学校を卒業して任官した後に、まだ少尉だったが、日本語の能力を買われて、東京のアメリカ大使館付海軍武官補として、勤務した。

マッコラムは、日本で育った宣教師の子の多くと同じように、日本に対して強い嫌悪感をいだいていた。親が布教のために献身的な努力をしたのにもかかわらず、ほとんどの日本人がキリスト教に改宗することを、拒んだ。キリスト教宣教師にとって、日本人は太陽や、山や、木や、狐などの動物を拝む未開な宗教を信じる、救われない民族だった。

十月三十日に、ルーズベルトは遊説先のボストンにおいて、「何度でも、何度でも、言おう。皆さんの息子たちが、外国のいかなる戦争にも送られることは、けっしてない」と、演説した。

大統領選挙の投票日の三日前にはクリーブランドで、「われわれの政策は、大西洋と太平洋のかなたで、いまなお侵略に抵抗している国々に、可能なかぎりの物質的援助を与えることである」と、演説した。

ルーズベルトは十一月五日に、三選を果たした。その直後の十一月三十日に、一億ドルにのぼる援蔣借款を発表した。これは、日本に対する敵意を露《あら》わにしたものだった。

十二月二十九日に、ルーズベルト大統領がラジオの炉辺談話を行なって、アメリカが「民主主義国の兵器廠《しょう》となる」と、述べた。ルーズベルトは定期的にラジオを通じて、国民に呼びかけるということを行なっていたが、これは炉辺談話《ファイアサイド・チャット》と呼ばれた。

一九四一（昭和十六）年元日、スティムソン陸軍長官は、『ニューヨーク・タイムズ』紙に投稿して、

「過去三年にわたって、アメリカの資源である、特に石油と屑鉄《くずてつ》が、日本の極東における

悪業を助けてきた。これらの資源について供給源が他にないから、その責任はアメリカにある。

アメリカ国民は日本が中国に対して進めている侵略に、一致して反対しているが、もし、アメリカが（日本の）悪業を阻止するために、何か手段を用いたら、日本と戦争を戦うことになると思って、恐れている。

それは、何の根拠もない。もしアメリカが、日本による中国における戦争を、やめさせようとするならば、日本が戦争を行なうのに必要としている資材や、資源の供給を停めることである」

と、説いた。

一月三十日に、ルーズベルトは五十九歳の誕生日を迎えた。

ハリウッドのトップの男女俳優をホワイトハウスに招いて、誕生日を祝う午餐会《ごさん》が華やかに催された。

ルーズベルトは誕生会が終わったすぐあとに、東南アジアにあるイギリスとオランダの植民地から、日本に対して石油や、ゴムをはじめとする天然資源の輸出が停まったという報告を受けて、「これは、最高の誕生日《バースデー》のギフトだ」と言って、満足の意を表した。

この日、ギャラップ社が全米で行なった世論調査が発表されたが、回答者の圧倒的多数に当たる八八パーセントが、アメリカがヨーロッパ戦争に参戦することに、強く反対していることが示された。

この時期、ONIのマッコラムが大統領に対して、日本を苛《いら》立たせて対米戦争におびき寄せるために、アメリカの巡洋艦を使って、日本本土の領海を侵犯させるという提案を行ない、これが検討された。もちろん、これは国際法に違反した。

ルーズベルト大統領は、この計画を「ポップ・アップ・クルーズ（突然飛び出す）」と呼び、ノックス海軍長官に対して、「巡洋艦を日本のあっちこっちに出没させて、ジャップスを挑発しよう。このために、一隻か、二隻の巡洋艦なら失ってもよいけれど、五、六隻も失ったら、勘定が高すぎる」と、発言した。

二月三日に、ルーズベルト政権は国務省のなかに、日本と戦って屈服させた後に、日本をどのように処理するか研究する、「特別研究部《スペシャル・リサーチ・ディビジョン》」を発足させた。日米開戦の一〇カ月前に当たった。

特別研究部は、コーデル・ハル国務長官の特別補佐官であるレオ・バルボルスキが統括し、極東を専門とする省員がこれに連なった。特別研究部は部内では、スペシャル・リサーチの頭文字をとって、「SR」として知られるようになった。

三月に入ると、ルーズベルト政権は武器貸与法を、中国にも適用することを決定した。

また、イギリスと蔣介石政権のあいだに、英中軍事協定が結ばれた。

開戦五カ月前に日本爆撃を承認した文書

近衛文麿内閣は、緊張が募る日米関係を打開しようとして、四月に日米交渉を始めることを決定した。

日米交渉は、四月十四日に、野村吉三郎駐米大使が、ハル国務長官をワシントン市内のウォードマン・パーク・ホテルのなかにある長官の私邸にたずねて、会談することによって始まった。

野村大使はつづく四月十六日にも、ハル長官と会談した。五月だけをとっても、二日、七日、十一日、十三日、十四日、十六日、二十日、二十一日、二十八日と、会談を重ねたが、見るべき進展がなかった。

日本本土奇襲爆撃計画は、陸海軍合同委員会によって、すでに作戦名が「JB―355」とつけられた。「合同委員会《ジョイント・ボード》」を省略した「JB」は、偶然「ジャパン・ボムバードメント」(日本本土爆撃)の頭文字と一致している。

五月九日に、カリー大統領補佐官が大統領に「JB―355計画」について覚書を提出した。カリーがホワイトハウスで、「JB―355計画」を仕切っていた。

カリーは中国問題担当の大統領補佐官だったが、中国に深く同情していた。蔣介石政権と協議するために、この年一月に中国を大統領特使として訪れていた。

ルーズベルト大統領は五月十五日に、陸海軍に蔣介石政権に爆撃機を供与して、「JB―355」計画を具体化するように、公式に命じた。これは、機体に青天白日マークを塗って中国空軍機に偽装して、アメリカの「義勇兵」に操縦させ、中国の航空基地から発進し、東京、横浜、大阪、京都、神戸を爆撃するという計画だった。

陸海軍の合同委員会が、日本本土爆撃計画の実施へ向けて、詳細な立案に着手した。目的は、日本の「兵器および経済体制を維持するために必要な生産施設を根絶するために、日本の民需、軍需工場を壊滅する」ことだった。

七月十八日、日本本土爆撃作戦計画書に陸海両長官が連署し、大統領の手もとに提出した。

ルーズベルト大統領はこの作戦案を、その五日後に承認した。

日本の機動部隊が真珠湾を攻撃する、五カ月前のことだった。

この日、七月十八日に、近衛首相が松岡洋右《まつおかようすけ》外相を更迭するために内閣総辞職して、第三次近衛内閣が発足した。代わって、豊田貞次郎《とよだていじろう》海軍大将が、外相として起用された。

松岡を追放して、豊田と交替させたのは、アメリカに歩み寄ろうとしたことを意味した。アメリカに揉《も》み手したものだった。

松岡は日独伊三国同盟を象徴する人物となっていた。近衛は、松岡がドイツの力を借りてアメリカに対抗しようとしたのが、日米交渉の障害となっていると、考えた。

今日、ルーズベルト大統領が七月二十三日に、日本本土爆撃作戦を承認した文書が、公開されている。

ルーズベルト大統領が「ＦＤＲ」と、イニシアルを用いて署名して、直筆によって「ＯＫ。（重慶《じゅうけい》に駐在する）軍事使節団か、（重慶のアメリカ大使館付駐在）武官のどちらに指揮させればよいのか、検討せよ」と、書き込まれている。

ルーズベルト大統領は、今日でも、アメリカ国民のあいだで、〝ＦＤＲ〟として親しまれている。

日本は前年八月に、アメリカ、イギリスが仏印《ふついん》（フランス領インドシナ、現在のベトナム）を通じて、蔣介石政権に大量の兵器を供給していた援蔣ルートを遮断するために、フランス政府の同意を得て、北部仏印に進駐していたが、この年の七月に仏印のフランス当局の承認を取りつけて、南部仏印に進駐した。

日本では多くの専門家によって、七月二十八日に南部仏印進駐を強行したことが、日米戦争の引き金を引いたと、信じられている。

だが、ルーズベルト大統領は、その一〇日前に、日本本土爆撃作戦を承認していた。

B17をはじめとする一五〇機の長距離爆撃機と、三五〇機の戦闘機を十月一日までに蔣介石政権に供与して、中国の基地から発して、東京、横浜の産業地域と、神戸、京都、大阪の三角地帯に奇襲爆撃を加えることになった。

この作戦案には、どの中国の航空基地から発進して、日本のどの目標を攻撃するのか、それぞれ地図が添えられていた。

日本本土爆撃は、中国空軍が実施することになったが、実際には「フライング・タイガーズ」と呼ばれる、義勇兵に偽装したアメリカ軍飛行士が行なうことになった。

ところが、日本本土を奇襲爆撃する「JB―355」作戦は、ヨーロッパ戦線が急迫し、大型爆撃機をイギリスに急いで回さなければならなくなり、中国への供与が遅れることになった結果、実施されなかった。

だが、真珠湾攻撃の約五カ月前にルーズベルト大統領が、アメリカ陸海軍に対して日本本土攻撃計画を承認していたという事実には、変わりがない。これは、アメリカ国民を欺《あざむ》き、日本を騙《だま》し討ちにするものだった。

もし、日本側がこの計画を察知していたとすれば、真珠湾攻撃は自衛権の発動に基づいた反撃になるところだった。

開戦後の一九四二（昭和十七）年四月十八日、日本本土が空母『ホーネット』から発進した、一六機のＢ25ノースアメリカン爆撃機による奇襲攻撃を蒙った。

アメリカ機は京浜地帯、名古屋、四日市、神戸、和歌山に投弾した。

空母『ホーネット』は、十八日午前六時三十分に、監視艇『日東丸』によって発見された。

しかし、軍は艦載機の航続距離が短いために、もっと本土に接近してから発進すると予想して、空襲が十九日に行なわれるものと判断した。

十八日の正午過ぎに東部軍司令部が、水戸北方一〇キロの監視哨から、敵機を発見したとの報告を受けた。それにもかかわらず、東部軍司令部は情報を確認しようとして手間取ったために、十二時十五分になって東京が攻撃されるまで、空襲警報を発令しなかった。防空戦闘機は、まったく要撃することができなかった。敵機は日本本土を攻撃したあとに、全機が中国大陸へ飛び去った。

もし、日米開戦前に「ＪＢ―３５５」作戦が実施されていたとすれば、日本の防空体制はまったく不備だったから、完全な奇襲となって、京浜地帯、大阪、京都、神戸が、大きな被害を蒙ったにちがいない。

今でも、アメリカ国民の大部分が、真珠湾攻撃が日本による卑怯な騙し討ち《スニーク・アタック》だったと信じているが、これこそ卑劣な騙し討ちとなったはずだった。

「日本という赤児をあやす」

七月三十日に、永野修身《ながのおさみ》軍令部総長が天皇に拝謁し、「対米戦争を出来得るかぎり避けたく存じますが、石油の供給が絶たれてしまいますと、このままでは二年分の貯蔵量しかなく、開戦となれば一年半で消費し尽くしてしまいますので、此際《このさい》、寧《むし》ろ打って出る他にございません」と、申し上げた。

すると、天皇より「然《しか》らば、両国戦争となりたる場合に、自分も勝つと信じたいが、日本海海戦の如《ごと》き大勝は、困難ではないか？」と御下問があり、永野が「日本海海戦の如《ごと》き大勝は勿論《もちろん》、勝ち得るや否《いな》やも、覚束《おぼつか》ないところでございます」と、お答えした。

アメリカはその直後の八月一日に、石油をはじめとする戦略物資の対日全面禁輸と、在米日本資産凍結を行なった。

日本に戦争の第一発目を撃たせようとして、日本の喉もとをいっそう締めあげたものだった。

ルーズベルト大統領の「ポップ・アップ・クルーズ」作戦（44ページ参照）は、三回にわたって実施された。

八月二日、東京で海軍省がアメリカのジョセフ・グルー駐日大使に、七月三十一日夜にアメリカの巡洋艦二隻が「豊後《ぶんご》水道付近の領海を侵犯した」ことに対して、文書をもって抗議した。

抗議文書は、「宿毛《すくも》湾に在泊していた駆逐艦が、東から豊後水道へ向かうスクリュー音を探知し、二隻のアメリカ海軍巡洋艦の艦影を目視して追跡したところ、両艦は煙幕を張って、夜闇のなかを離脱した」と、述べていた。

「ポップ・アップ・クルーズ」作戦は、その真意を知らされなかった、ハスバンド・キンメル太平洋艦隊司令官が強く反対したのと、期待した効果がなかったために、中止された。

八月十二日、大西洋のニューファンドランドのプラセンシア湾に投錨《とうびょう》した、イギリス戦艦『プリンス・オブ・ウェールズ』と、アメリカ巡洋艦『オーガスタ』を交互に会場として、ルーズベルト大統領はチャーチル首相との、洋上会談を行なった。

八月十四日、ルーズベルトとチャーチルは、「大西洋憲章」を発表した。この会談によって、英米の結束が一段と強くなった。

この時、チャーチルがルーズベルトに、アメリカがドイツに対して即刻宣戦を布告することを求めたが、ルーズベルトはアメリカの国内世論によって制約を受けていたので、「まだ、それはできない」と、答えた。

しかし、ルーズベルトはチャーチルに、「あと数カ月は、日本という赤児《ベイビー・ザ・ジャパニーズ》をあやすつもりだ」と、しばらく待つよう語って、チャーチルを喜ばせた。

十二月に、イギリス外務省高官のノース・ホワイトヘッドがチャーチル首相に、「アメリカにおける孤立主義《アイソレーショニズム》は、当分のところ力を振るい続けようが、克服されることになろう。アメリカは、まだ、われわれの懐《ふところ》に入っていない。だが、(ルーズベルト)大統領はわれわれを救うために、一歩一歩、着実に計略を進めている」と、メモを送っている。

ホワイトヘッドは、ルーズベルトが日本を挑発して、アメリカを攻撃させることによって、参戦することを企てているのを、知っていた。ホワイトヘッドはチャーチルと、ルーズベルトによっても信頼され、アメリカに広い人脈を持っていた。

直前まで対米戦争を想定していなかった日本

近衛内閣が日米交渉を始めた時点では、陸海軍は日米関係が悪化しつつあったものの、まだ、対米戦争にまでなるとは深刻に考えていなかった。

陸海軍も、日米交渉が成功することを、強く期待した。

対米英蘭戦争となれば、当然、アメリカや、イギリス、オランダが領土としている東南アジアの植民地が、戦場となった。

陸海軍は太平洋の欧米の植民地や島々において、米欧と戦うことを、まったく想定していなかった。日本の国力からいって、そのような戦争を想定することが、できなかったからだった。

政府、軍にとって、日米の国力を比較すると、格段に差があり、工業力の差は二〇倍にもなるということが、常識となっていた。事実、アメリカが先の大戦中に建造した空母の数が一〇四隻であったのに対して、日本は一二隻だった。アメリカの航空機生産は、一九四四（昭和十九）年だけをとっても、一〇万七五二機に達した。

もし、日本が対米戦争を企てて、早い時期からアメリカと戦うことを計画していたとしたら、サイパン島、テニアン島、トラック島をはじめとする、第一次大戦後に日本の南洋委任統治領となったマーシャル諸島を、要塞化したはずである。

ところが、開戦後の一九四四（昭和十九）年はじめまで、日本は南洋諸島に防備を施すことが、まったくなかった。

もし、十分な時間をかけてこれらの島々に防備を施していたとすれば、サイパンや、テニアンをはじめとする諸島に来攻したアメリカ軍に対して、もっと頑強に抵抗することができたろう。少なくとも、短期間で奪われることはなかったはずだ。

陸軍は南方作戦について、まったく準備していなかった。

陸軍がマレー半島、フィリピン、ビルマ、蘭印侵攻作戦の研究に着手したのは、開戦の九カ月前の三月のことだった。海軍にいたっては、わずか四カ月前だった。

それまで、陸軍はジャングル戦に備えた訓練を、一度も行なったことがなかった。

開戦が決定されれば、これらの侵攻することになる地域について、作戦の遂行に当たって、かならず事前に用意される詳細な地図も、自然環境や現地の風俗などを調査した兵要地誌も、欠いていた。

陸軍はもっぱら宿敵として見立てたソ連との戦争に備えていたし、海軍はアメリカと日本海海戦のような艦隊洋上決戦を戦うことしか、想定していなかった。

日本の陸海軍は、南方を戦場とするような形の戦争を、予想したことも、計画したことも、まったくなかった。英米に対して同時に戦うことは、想定すらできなかった。

私は高松宮宣仁親王《たかまつのみやのぶひと》殿下に何回もお目にかかって、戦前から対米戦争に至るまでと戦中戦後のお話をうかがったことがあった。殿下は開戦時には、中佐として軍令部に勤務されていた。

私が「戦争がどのような形で終わると、想像されましたか?」とおたずねすると、「アメリカの主力艦隊が日本近海まで進出してくるのを迎え撃って、日本海海戦のような艦隊決戦が戦われ、それにわがほうが勝って、戦争が終わると、漠然と考えていたね」と、お答えになった。

日本は対米戦争を戦うのに当たって、長期的展望を持つことが、まったくできなかった。それにもかかわらず、勝算なしに対米戦争に飛び込むことを、強いられた。

陸軍も、海軍も、緒戦の一年か二年しか、想い描くことができなかった。

海軍は日本海海戦のような艦隊決戦を、それも一回だけ戦われることを、想定していた。

しかし、仮にアメリカに対して艦隊決戦を行なって、一回勝ったとしても、もし、戦争がそこで終わらずに、消耗戦に持ち込まれた場合にどうすべきなのか、考えていなかった。

日本は短期戦争を戦う能力しか、持っていなかった。

もし長期戦になれば、日本は工業生産力において、アメリカにとうてい太刀《たち》打ちできなかった。

そのために、対米戦争を始めるに当たって、緒戦で勝利を収めたうえで占領地域を固めて不敗の態勢を確立すれば、そのうちにアメリカが戦意を喪失して講和が行なわれるという、きわめて曖昧《あいまい》な結末しか、想い描くことができなかった。

日米首脳会談に望みをかけた近衛首相

近衛は日米首脳会談に政治生命を賭《か》けて臨《のぞ》み、日米間の障壁をいっきょに取り除こうと、決意した。

近衛は日米の首脳が膝《ひざ》を交えて、率直に意見を交換して、陸海軍の意にそわない合意を行なわざるをえなかったとしても、帰国後、天皇の御裁可を得たうえで、局面を打開できると楽観していた。

八月十七日に、野村大使がルーズベルト大統領と会見して、近衛首相がルーズベルトとハワイにおいて日米首脳会談を行なって、日米間の諸問題を包括的に解決したいと望んでいるという意向を打診した。

ルーズベルトは野村に対して、「医者から飛行機に搭乗することを禁じられているから、日米の中間点のアラスカのジュノーで行ないたい」と答えて、期待をもたせた。

八月二十七日と二十八日の両日にわたって、近衛首相、各大臣、鈴木貞一《すずきていいち》企画院総裁、福留繁《ふくとめしげる》海軍軍令部作戦部長、陸海軍幕僚が総力戦研究所において行なわれた会議に、出席した。

総力戦研究所では、研究生として入所していた各官庁の中級幹部や陸海軍将校が、日米英戦争を想定して、両陣営に分かれて、一カ月にわたって模擬演習を実施していた。

近衛首相以下の参列者の前で、模擬演習の総合的結果について報告が行なわれ、「対米英戦争は、日本の敗北で終わる」という判定が下されたことが、明らかにされた。

総力戦研究所は一九四一（昭和十六）年一月に、設立されていた。

八月二十八日に、野村はルーズベルト大統領と再び会見して、近衛首相から日米首脳会談を開催することを、公式に提案する親書を手渡した。

近衛はこのメッセージのなかで、「両首脳が直接に会談して、大所高所から時局を収拾する可能性を検討したい。細目は事務当局に任せたい。両首脳の会談の時期は一日も早く、場所はハワイを望む」と、述べていた。

ルーズベルトはこの近衛提案を受けて、喜んだふりをした。再び「ハワイまでは行けないが、会見場所を、アラスカのジュノーにしたい」と述べ、「近衛公《プリンス・コノエ》との会談に強く《キンリー・》期待する《インタレステッド》。三、四日間ぐらいを、希望する」と、答えた。近衛は公爵《プリンス》だった。

ルーズベルトはさらに「近衛公は、英語を話すか？」と問い、野村が「話せる」と答えると、「ザッツ・ファイン（それはよい）」と言って、頷《うなず》いた。

野村大使は大統領との会見の成果を受けて、その直後にハル国務長官をたずねて、「日米首脳会談の期日については、九月二十一日から二十五日に催すことを希望する。近衛首相の随行員は、約二〇名である」と、述べた。

　東京では日米首脳会談について、ルーズベルト大統領の感触がよかったので、随行員の選考をはじめとして、具体的な準備に入った。随行員としては、山本五十六連合艦隊司令長官も、予定されていた。首相一行の乗船として、日本郵船の『新田丸』が手配された。

　九月六日に、グルー駐日大使は日記に「今晩、近衛公爵が私を彼の友人の私邸に、晩餐に招いてくれた。列席したのはドゥーマン（参事官）と牛場《うしば》首相秘書官の二人だけだった。（略）近衛公爵、従って日本政府は、国務長官が日米関係を復興させるための基礎として示した四原則に、決定的かつ全面的に同意すると述べた」と、記した。

　ところが、ルーズベルト大統領とハル長官は、日米首脳会談を行なう前提として、それだけでは不十分であり、そこまでゆく原則的な合意が行なわれる必要があるとして、さまざまな難題を突きつけてきたために、トップ会談は、なかなか実現しなかった。

　もとより、ルーズベルト大統領は日本と戦うことを決めていたので、日米交渉が妥結することを望んでいなかった。日本をあやしていたのだった。

第２章　米政府が秘匿した真珠湾の真実

開戦を前にした昭和天皇の懊悩《おうのう》

昭和天皇は日米開戦に至るまで、懊悩《おうのう》された。天皇は一貫して、平和を強く望んでおられ、対米戦争について、深く憂慮されていた。

天皇は九月五日に、突然、杉山元《すぎやまはじめ》参謀総長、永野軍令部総長の陸海軍両総長を召した。近衛首相が立ち合った。

天皇は両総長に大声で、「絶対に勝てるか」と、たずねられた。

杉山参謀総長が、「絶対とは申し兼ねます。しかし、勝てる算があることだけは、申し上げられます。日本としては、半年や一年の平和を得ても、続いて国難が来ることになります」と、申し上げた。

天皇が杉山に、「日米事《こと》起こらば、陸軍として幾許《いくばく》の期間に片付ける確信が、あるか」と、質《ただ》された。

杉山が「南洋方面だけは、三カ月くらいにて、片付けるつもりであります」と答えた。すると、「杉山は、支那事変勃発時の陸相だった。その時、陸相として『事変は一カ月くらいにて片付く』と申したことを、記憶している。しかるに、四カ年の長きにわたり、まだ片付かんではないか」と、詰問された。

杉山は恐懼《きょうく》して、「支那は奥地が開《ひら》けて、予定通り作戦を進めることができない」事情を、くどくど申し上げて弁明した。

すると、天皇が「支那の奥地が広いというのなら、太平洋はもっと広いではないか。どのような確信があって、三カ月というのか」と叱責された。

杉山が頭を垂れて、黙ってしまった。すると、永野が杉山を助けるように発言を求め、「統帥部といたしまして、大局より申し上げます。今日、日米の関係を病人にたとえてみますと、手術するか、しないかの瀬戸際にきております。手術をすれば、非常な危険がございますが、助かる望みがないではございません。統帥部といたしましては、あくまでも外交交渉の成立を希望しますが、不成立の場合は、思い切って手術をしなければならないと、存じます」と、奉答した。

天皇が「今日のところ、外交に重点を置くと理解するが、その通りなのか？」と、念を押された。両総長が「その通りでございます」と申し上げて、退出した。

悲痛のきわみ、宮中御前会議

九月六日、七日の両日にわたって、天皇が臨席されて、宮中で御前会議が催された。

御前会議は、天皇が主宰する会議ではなかった。天皇は御前会議では、何らの発言もされず、意思を表示されないのが、通例となっていた。天皇は議決された議案を、御前会議が終わった後に裁可された。

御前会議の二日目に、

「一、帝国は自存自衛を全うするため、対米（英蘭）戦争を辞せざる決意のもとに、おおむね十月下旬を目途とし戦争準備を完整す

二、帝国は、右に並行《へいこう》して米、英に対し外交の手段を尽くして帝国の要求貫徹に努む

三、前号外交に依《よ》り十月上旬に至るも尚《なお》我要求を貫徹し得る目途なき場合に於ては、直《ただ》ちに対米（英蘭）開戦を決意す」

と、決定された。

天皇は前日と同じように、「外交が主なのか？　戦争が主であるのか？」と、念を押すように、たずねられた。

及川古志郎《おいかわこしろう》海相が「重点は、外交にあります」と、答えた。

すると、天皇が全員が凝視《ぎょうし》するなかで、懐中からゆっくりと紙片を取り出された。

天皇が御前会議で発言されることは、異例なことだったので、全員が息を呑《の》んで、見守

った。

天皇は祈るような声で、「よもの海みなはらからと思ふ世に　など波風のたちさわぐらむ」と、読み上げられた。よもは四方であるが、全世界の人々が同胞《はらから》であると思うのに、どうして波風がたつのだろうかと嘆かれた、明治天皇の御製だった。

天皇は参席者を見回されて、「この御製は、私がいつも愛好している御歌《おうた》の一つである」と、つけ加えられた。

近衛首相はその日の夜、日記に「全員恐懼して、しばらくは一言も発するものなし」と、記した。

天皇が御歌を読み上げられたあとで、永野軍令部総長が発言を求めて起立して、次のように述べた。

「政府側の陳述によりますれば、アメリカの主張に屈服すれば、亡国が必至であるということでありますが、戦うも、また、亡国であるかも知れません。

すなわち、戦わざれば亡国必至、戦うも、また、亡国を免れないとするならば、戦わずして亡国に委ねることは、身も心も民族にとって、永遠の亡国になりますが、戦って護国の精神に徹するならば、たとえ戦いに勝たずとも、祖国護持の精神がのこって、われわれの子孫は、かならずや再起三起するでありましょう。

統帥部としては、もとより先刻申しましたとおり、あくまでも外交交渉によって目的の貫遂を望むものでありますが、もし、不幸にして開戦と決して、大命が発せられるようなことになりましたならば、勇躍して戦いに赴《おもむ》き、最後の一兵まで戦う覚悟であります」

七日の御前会議が終わると、野村大使に対して、その日中に訓令が発せられた。「遅クモ今月二十五日マデニハ調印ヲ完了スル必要アルトコロ右ハ至難ヲ強イルガ如キモ四囲ノ情勢上絶対ニ致シ方ナキ儀ニ付右トク御了承ノ上日米国交ノ破綻ヲ救ウノ大決意ヲ以テ十全ノ御努力アランコトヲ懇願ス」と、述べていた。

日本側はアメリカが外交暗号を解読していることを、知らなかった。

アメリカは日本が焦慮に駆られており、日本が罠にはまろうとしているのに、微笑んだにちがいない。

山本五十六《やまもといそろく》の無責任発言

山本五十六《やまもといそろく》連合艦隊司令長官は、この十五日後の九月二十二日に、近衛首相から「日米戦での海軍の見通しはどうか」と、たずねられた。

山本は、「ぜひやれといわれれば、一年か、一年半は多分に暴れて御覧にいれます。その先のことは、まったく保証できません」と、答えた。

この時、山本大将は対米戦争自体に反対することが、まったくなかった。国の安危を双肩に担っていた連合艦隊司令長官として、無責任なことだった。

連合艦隊は開戦してから、わずか六カ月に満たない一九四二（昭和十七）年六月はじめに、ミッドウェー作戦を行なって、とうてい日本の国力によって、挽回することができない致命的な敗北を喫した。

山本が、「一年か、一年半は、多分に暴れて御覧にいれます」と語った、安易な見透しが、半年で崩れた。

山本連合艦隊司令長官は開戦してから、一年四カ月後の一九四三（昭和十八）年四月十八日に、戦死した。戦死後に元帥《げんすい》の称号が贈られ、国葬が催された。

昭和天皇は山本の国葬が決定された時に、不興を示され、侍従武官の山縣有光《やまがたありみつ》陸軍大佐に、「山本元帥を国葬にしなければならないのかね」と言われて、疑問を呈された。

政府は前年十一月に、野村吉三郎海軍大将を駐米大使に起用していたが、この人選も、的外れだった。

野村はルーズベルトがウッドロー・ウイルソン政権で海軍次官を務めた時に、日本大使館付海軍武官として、一九一五（大正四）年から三年八カ月にわたってワシントンに勤務していた。

そのあいだに、ルーズベルトの知遇を得て、親しい関係にあると信じられており、そのための人選だった。野村は少佐として赴任して、滞米中に中佐に進級した。

だが、ルーズベルト大統領は、野村に対して個人的な親しみを、まったくいだいていなかった。これは、日本側の一方的な思い込みでしか、なかった。もともとルーズベルトは日本に対しても、好意をいだいていなかった。

そのうえ、野村は英語が苦手だった。野村本人も、英語が不得意だと自認して、相手に意志が通じるまで、同じことを何回か繰り返さなければならないと、述懐している。

それにもかかわらず、野村はワシントンに着任すると、二月十一日にハル国務長官と通訳を連れずに、二人きりで差しで会談した。

ハルは後に回想録のなかで、この時、野村の英語が「たどたどしくて《マージナル》」、何を言っているのか、よくわからなかったと、述べている。

それでも近衛首相は、まだ、ルーズベルト大統領との首脳会談に希望を託していた。

十月十日に、豊田貞次郎外相がグルー大使を外務省に招いて、野村大使が再三にわたってハル国務長官に対して、日米首脳会談へ向けてアメリカ側の方針を明らかにするように求めてきたのにもかかわらず、要領を得ないでいるが、「時間の要素の関係から、会談の実現を促進することが必要だ」と、訴えた。

グルー大使はその日の日記に、豊田が「近衛・ルーズベルト会談の結果、ある種の取り極《き》めに到達すれば、日本の世論を統制することは比較的容易だ」と語って、「時間の関係から、首脳会談を一日も早く行ないたい」と、同じ言葉を繰り返して懇請したと、記している。

アメリカに筒抜けだった連絡会議の結論

十月十六日、近衛内閣が総辞職して、翌日、東條英機《とうじょうひでき》陸相に組閣の大命が降った。

これは、東條にとっても、まったく意外だった。

木戸幸一《きどこういち》内大臣が、東條であれば天皇への忠誠心が人一倍強いので、血気にはやる軍を抑えて、対米交渉をまとめることができると、考えたからだった。

東條は天皇から組閣の大命を拝受した時に、木戸から天皇の御意志が九月六、七日の御前会議の決定にとらわれることなく、白紙に戻して、国策を再検討することであると告げられて、天皇の御意志に従うことを決めた。

東條は陸相と内相を兼任したが、日米交渉が妥結した場合に、陸軍の一部が血気にはやって、二・二六事件のような反乱が起こるのではないかと、恐れたためだった。

東條内閣が発足してから、十月二十三日から三十日まで、二十六日に首相と海相が伊勢神宮を参拝するために離京した日を除いて、はじめての大本営政府連絡会議が、連日催された。

東條首相は十一月一日に連絡会議を再開する朝に、杉山参謀総長と七時から会談して、「お上《かみ》（天皇）の御心を、考えねばならない。日露戦争よりも、はるかに大きな戦争であるから、御軫念《しんねん》（天子が心を痛めること）のことは、十分拝察できる。今開戦を決意することは、とうていお聞き届けにならないと思う」と、述べた。

連絡会議は午前九時から、翌二日の早朝の午前一時半にいたるまで、一六時間半にもわたって、「臥薪嘗胆案《がしんしょうたんあん》」から開戦案までめぐって、激論がかわされた。出席した全員が、これが和戦を決める最後の会議になることを、知っていた。

東郷茂徳外相が臥薪嘗胆策を、強く主張した。賀屋興宣《かやおきのり》蔵相も、勝算が低いのに開戦することに、反対した。

そのあいだにも、日本は貴重な石油を消費しつづけていた。

「臥薪嘗胆」は日本が日清戦争に勝ち、一八九五（明治二十八）年の日清講和条約によって、清国から遼東《りょうとう》半島、台湾、澎湖《ほうこ》島の割譲を受けたのにもかかわらず、ロシア、ドイツ、フランスによる強引な三国干渉を蒙ったのに対して、当時の日本の軍事力では列強三国の力にいかにも抗しようがなく、涙を呑んで遼東半島を返還したことに由来する。その後の日本では、「臥薪嘗胆」の四文字が、憤激した日本国民の合い言葉となった。「臥薪嘗胆」は仇を討つために、薪《まき》の上に臥《ふ》してわが身を苦しめ、胆をなめて報復を忘れまいとした、中国の古典にある故事からとった成語だった。

この連絡会議で、永野軍令部総長は「戦争第一、第二年の間は勝算がある。第三年以降は、予断を許さない」と、発言した。

杉山参謀総長が「南方作戦により、フィリピン、蘭印、シンガポール、ビルマなどを占領する結果、支那は英米の支援によって抗戦を続けているが、支援路を遮断されて、抗戦を断念する可能性が大である」と、いつものように楽観的な見通しを、述べた。

両総長はこのままゆけば、日本は石油が枯渇してしまうために、「ジリ貧」に陥《おちい》るから、もし、対米戦争の時機を先送りしたら、その後は戦おうにも、戦うことができず、為《な》すすべもなくアメリカに屈服せざるをえないという、かねてからの主張を繰り返した。陸海軍は戦機を逸してしまうことを、焦っていた。

日本にはその時点で、石油の貯蔵量が民需も含めて、二年分しかなかった。当時の日本は石油をアメリカからの輸入に依存していたので、陸海軍にとって一日一日、燃料が逼迫《ひっぱく》していった。石油の供給を断たれれば、軍だけでなく、日本経済全体が立ち行かなかった。

東條首相が「政府としては、統帥部が責任をもって言明しうる限度は、開戦後二カ年は成算があるが、第三年以降は不明であるということに諒解《りょうかい》する」と、述べた。

そのうえで、両総長が政府に対して、十一月三十日まで外交交渉を続けてもよいといって、譲歩した。

東條首相が「十二月一日にならないものか？　一日でもよいから、長く外交をやることができないだろうか？」と、ねばった。

統帥部が「十一月三十日夜十二時までは、よろしい」と答えたので、連絡会議は外交打ち切りの日時を、十二月一日零時（東京時間）と決定して、閉会した。

その直後に、外務省から野村大使に発せられた訓電は、日限を特別の配慮で三十日まで延期すると通報したうえで、「右期日ハ此ノ上ノ変更ハ絶対不可能ニシテソノ後ノ情勢ハ自動的ニ進展スル他ナキニツキ」と、念を押していた。

アメリカは暗号解読を通じて、あたかも東京の大本営政府連絡会議に出席しているかのように、日本の動きを承知していた。

東京の外務省、日本の在外大使館が打電した電文は、アメリカで数時間以内に解読されて、陸海軍の情報将校が要約したうえで、大統領、国務長官、陸海軍長官のもとに、届けられていた。

解読文書は、黒革製のブリーフケースのなかに納められて、海軍将校によってルーズベルト大統領のもとに、届けられた。

鞄はワシントン市内の有名なカマリア・アンド・バックレー鞄店に、特注でつくらせたものだった。表側に金文字で「大統領親展《フォア・ザ・プレジデント》」「海軍省2711号室へ返還のこと」と、刻まれていた。ジッパーによって開閉され、南京錠がついていた。鍵は大統領と、「マジック」解読班しか、持っていなかった。

十一月一日に、翌日から要約ではなく、全文を届けるようにとのルーズベルト大統領の指示があり、翌日からは、解読文の全文がそのまま届けられた。

日本艦隊の攻撃を待ちのぞむアメリカ

野村駐米大使は軍人だった。外交についてシロウトだった。

政府は野村では心もとなかったので、野村を援《たす》けるために、ベテラン外交官の来栖三郎《くるすさぶろう》大使を特使として、ワシントンに急派した。

十一月五日に、来栖は飛行艇のクリッパー便に搭乗して、アメリカへ向かった。クリッパー便はアメリカの航空会社が運営して、香港とアメリカを、日本を経由して結んでいたが、チャイナ・クリッパーと呼ばれていた。

来栖は駐ベルギー大使、駐独大使を務めて、日独伊三国同盟条約に調印していたが、ドイツ贔屓《びいき》ではけっしてなかった。

来栖特使が離京した五日に、山本五十六連合艦隊司令長官に対して、「十二月上旬ヲ期シテ諸般ノ作戦準備ヲ完成スルニ決ス」という、大本営命令第一号が発せられた。八日に連合艦隊機密命令として、「X日ハ十二月八日トス」と、発令された。X日は開戦日のことである。

十一月十七日に、野村が来栖特使を同行して、ルーズベルト大統領と会見した。

来栖大使はこの時、ルーズベルト大統領を前にして、驚くほど率直に語った。

来栖は、「日本はもとより対米交渉の成功を強く望んでいるが、それには時間的な要素がある。日本は事態を遷延するほど、自己を防衛するのに当たって、経済的、軍事的条件が悪化することになる。

日本としては、今後、無為に過ごして結局は全面的な屈服となることは、どうしても耐えられない。日本としては妥協に対する熱意は十分にあるから、急いで交渉を妥結させる必要がある」と、訴えた。

これに対して、ルーズベルトは「友人のあいだには、最後の言葉はない《ゼア・イズ・ノー・ラスト・ワーズ・ビトウィーン・フレンズ》。日米間になんらかの一般的な諒解をつくることによって、事態を救うことができると思う」と、子供をたしなめるように言って、はぐらかした。

アメリカは日本の潜水艦、駆逐艦以上の艦艇の無線機のそれぞれの細かい癖まで、把握していた。

十一月二十二日から二十四日の間に、航空母艦『赤城』を旗艦として、六隻の航空母艦を中核として、三一隻によって構成される第一航空艦隊が、南千島の択捉《えとろふ》島の単冠《ヒトカップ》湾に集結したことを、知った。

十一月二十五日に、ルーズベルト大統領がホワイトハウスに、ハル国務長官、スティムソン陸軍長官、ノックス海軍長官、マーシャル参謀総長、スターク海軍作戦部長を召集して、「次の月曜日（十二月一日）あたりが、もっとも危険になると思う」と、述べた。

この時の記録によると、スティムソンが「日本人《ジャップス》はこれまで無警告で攻撃して、戦争を開始してきたことによって、悪名が高い。日本に最初に撃たせると危険もあるが、アメリカ国民の完全な支持を取りつけるためには、確実に日本人《ジャップス》に第一発目を撃たせることが、望ましい」と、発言した。

会議は、「アメリカに過大の危険を招かぬように配慮しつつ、日本のほうから攻撃せざるをえないように仕向ける（The question was how we should maneuver them into the position of firing the first shot without allowing too much danger to ourselves.）」ことで、合意した。

スティムソンはこの日の夜、日本を「彼ら」と呼んで、「問題はいかに彼らを誘導して、われわれがさほどに大きな損害を蒙ることなく、最初の一発目を撃たせるかだ。これは、難しい計略だ」と、日記に記した。

開戦強要の最後の一手

二十六日に、第一航空艦隊が一隻また一隻、錨をあげて、白雪によって一面覆われた択捉島の単冠湾から出撃して、征途についた。

機動部隊は冬場は交通量が少ない、アリューシャン列島の南の北寄りの航路をとって、一路、ハワイへ向かった。

出撃に当たって、もし途上で日米交渉が妥結した報せを受けたら、その場で作戦を中止して、すぐに引き返すように、厳命を受けていた。

日米両国は日本時間でこの一二日後に開戦し、広大な太平洋を舞台として、三年八カ月以上にわたって死闘することとなった。

ハワイを目指す第一航空艦隊は、どの艦も機密保持のために、厳重な無線封鎖を行なっていた。

ところが、途上で何回か無線封鎖を破って、連絡のために僚艦に向けて、微弱な低周波電波を発したのを、フィリピンのコレヒドールと、グアム島、アラスカのダッチハーバーの無線所が、そのつど傍受《ぼうじゅ》して、方位を探知することによって、その位置をつかんだ。

これほど、大規模な日本艦隊がアメリカの領土へ向かったことは、かつてなかった。

偶然の一致だが、第一航空艦隊が出撃したのと同じ十一月二十六日、ハル国務長官は、野村、来栖両大使を午後五時に国務省に招いて、突如、〝ハル・ノート〟を手交《しゅこう》した。

〝ハル・ノート〟は、日本大使館から、ただちに外務大臣に宛てて打電された。

〝ハル・ノート〟が列記した提案は、従来の交渉経緯をまったく無視したもので、日本としてまったく了解しがたいものだった。

政府と軍の誰もが、アメリカの最後通牒《つうちょう》だと判断した。

東郷外相は後に〝ハル・ノート〟を読み終わると、「眼もくらむ思いがした」と、回想している。

〝ハル・ノート〟は、十カ条から成り立っていた。

そのなかには、在米日本資産の凍結解除、円価の安定などの条項もあったものの、中国大陸と仏印から、一切の陸海空軍と警察力を即時撤収することや、蔣介石の重慶以外の政権を認めることを禁じた点だけをとっても、考慮の余地がなかった。

重慶の蔣介石政権だけを正統政権として認めるという要求は、日本が国交関係を樹立していた南京政権の存在を否認するものだし、また、日独伊三国同盟からの実質的な離脱を求めていたのも、国際条約を否定することは、国家の信義を裏切ることになるので、できなかった。

〝ハル・ノート〟は、日米交渉がそれまで積み上げてきたものを無視して、根底から壊す言語道断なものだった。アメリカはそうすることによって、日本を戦争に追いやった。

ルーズベルト政権は日本が受諾することを、はじめからまったく期待していなかった。

チャーチル首相は後に〝ハル・ノート〟について、「われわれはその瞬間まで、(〝ハル・ノート〟の)十項目について知らなかった。この文書はわれわれが要求していたものを、はるかに大きく上回ったものだった。日本大使があきれ返ったというのは、その通りだったにちがいない」と、回想している。

ハル国務長官は、野村、来栖両大使に〝ハル・ノート〟を手交した直後に、スティムソン陸軍長官に「これで、私のほうは片づいた。あとの仕事は、君とノックス(海軍長官)の手のなかにある。陸軍と海軍のね」と、言った。

〝ハル・ノート〟を起草したのは、ハルでも、国務省でもなく、ハリー・デクスター・ホワイト次官補だった。ホワイトは、モーゲンソー財務長官の片腕だった。

ホワイトが書いた文案は、日本に戦争を決意させるように追い詰めることを、狙っていた。そのうえで、モーゲンソーを通じて、ルーズベルト大統領に提出された。

ルーズベルトはモーゲンソーから受け取ると、ただちに承認し、ハルに日本大使に手交するように、指示した。

モーゲンソーは、ハル、スティムソン、ノックスを加えた四人の側近の閣僚のなかで、ルーズベルトともっとも親密だった。

ルーズベルトが一九四五（昭和二十）年四月十二日に、ジョージア州ウォームスプリングスの別荘で急死した前の晩に、モーゲンソーを招いて夕食を共にしていた。この時、ルーズベルトはもっぱら回顧談に耽《ふけ》って、機嫌がよかった。

その時、ルーズベルトは何をしていたか

一九四一（昭和十六）年十一月二十五日、ルーズベルト大統領は翌日、ハル国務長官が〝ハル・ノート〟を日本の両大使に手交することになったので、すっかり寛《くつろ》いで、ノルウエーのマッタ・ソフィア皇太子妃を、ホワイトハウスに招いた。

この日、エレノア夫人はワシントンのナショナル空港（現在のロナルド・レーガン空港）から午後四時の便で、ニューヨークへ飛び立っていた。

ルーズベルトは、エレノアが不在だと、いつもマッタ妃をホワイトハウスに招いた。

前年四月に、ノルウエーがナチス・ドイツ軍によって占領されると、アメリカがオラフ皇太子とマッタ皇太子妃の亡命を受け入れて、ワシントンに居住させていた。

ルーズベルトはこの年八月に、大西洋のニューファンドランド沖で、チャーチル首相とイギリスの戦艦『プリンス・オブ・ウェールズ』、アメリカの巡洋艦『オーガスタ』の艦上で会談して「大西洋憲章」を発表した時に、大統領専用クルーザー『USSポトマック』に乗って行ったが、この時も、マッタ皇太子妃を同伴していた。

ルーズベルトは午後四時三十分に、ホワイトハウスを大統領専用リムジンで出発し、ワシントンのすぐ隣のメリーランド州ベセスダのプックス・ヒルにある皇太子邸まで、マッタ妃を迎えにいき、二人でホワイトハウスに戻った。

マッタ皇太子妃は三十九歳で、美貌《びぼう》だった。ルーズベルトはいつもマッタを英語読みにして、「マーサ」と呼んでいた。

ルーズベルトとマッタ妃は二人で午後七時から大統領執務室《オーバル・オフィス》にこもって、夕食をとった。大統領執務室の窓から、ホワイトハウスの南庭を越して、美しくライトアップされたワシントン記念塔が、夜の帷《とばり》のなかに浮きあがっていた。

ルーズベルトが執務机で、皇太子妃がコーヒーテーブルを使って、台所から運ばれたオードブルからデザートまでのフルコースの晩餐《ディナー》を、楽しんだ。

マッタがノルウェーの地酒で、ドイツのシュナプスに似た、強い透明なアクアビットを持参した。

ホワイトハウスの記録によれば、大統領は午後十二時ちょうどに、大統領執務室を出て、寝室に入った。しかし、その晩、皇太子妃がホワイトハウスから帰ったという記録がない。

十一月二十六日に〝ハル・ノート〟を受けとった日本側の緊張ぶりと、その前日のホワイトハウスの大統領執務室とでは、何と対照的だったことだろうか。

なぜ新鋭艦が真珠湾にいなかったのか

ハルは、野村、来栖両大使に〝ハル・ノート〟を手交した二日後に、イギリス駐米大使のハリファックス卿と会った。

ハルは、「日本との外交関係は、事実上、終わった。仕事は、すでに陸海軍の手に移った。日本は突然に動き、それも完全な奇襲となるはずだ」と、告げた。

その直後に、ハルはケイシー・オーストラリア公使（当時は、大国だけが大使を派遣することができた）が、調停の労をとろうと申し出たのに対して、「もはや、外交の舞台ではない」と、断っている。

戦後、東京裁判において、インドのラダビノト・パル判事が日本を無罪とする判決書を提出したが、そのなかで〝ハル・ノート〟について、「たとえ、モナコのような小国であったとしても」、敢然として戦うことを選んだだろうと、述べている。

十一月二十六日に、キンメル太平洋艦隊司令官はスターク海軍作戦部長から、突然、空母『エンタープライズ』と『レキシントン』で、ウェーキ島とミッドウェー島へ、陸軍の戦闘機を運ぶように命じられた。

二隻の空母はキンメルの指揮下にあって、真珠湾を母港としていた。キンメルは両空母を使って、ハワイ近海で模擬演習を予定していたが、ワシントンの命令に従った。

十一月二十八日に、『エンタープライズ』が巡洋艦などの一一隻の新鋭艦によって護《まも》られてウェーキ島へ、十二月五日に『レキシントン』が、やはり八隻の新造艦を伴って、ミッドウェー島へ向けて出港した。

真珠湾に残ったのは、戦艦『アリゾナ』をはじめとしてほとんどが、第一次大戦からの旧型艦だった。真珠湾から、二隻しかなかった空母が出払った。

今日では、ノックス海軍長官が日本の機動部隊がハワイへ向かっているのを知って、ルーズベルト大統領の承認を得たうえで、二隻の空母を真珠湾から出港させたと、解釈されている。両空母はウェーキ島、ミッドウェー島へ向かっていたが、真珠湾が奇襲された直後に、急遽《きゅうきょ》、ハワイに引き返した。

万策尽きての開戦決定

十一月二十七日の午後に、東京に〝ハル・ノート〟が到着すると、その日のうちに、大本営政府連絡会議が開催された。

誰もが、衝撃を受けていた。〝ハル・ノート〟が、受諾不可能な条件を列記した最後通牒であって、検討することすら、とうていできないものであることを、全員が認めざるをえなかった。

翌二十八日に、閣議が催された。席上、東郷外相が「四月以降、半年以上に亘《わた》る交渉経緯をすべて無視した、傍若無人の提案を為《な》した」といって、非難した。

東條首相が天皇に〝ハル・ノート〟について上奏して戻った直後に、武藤《むとう》章《あきら》陸軍省軍務局長が、「陛下のお考えはどうでしたか」とたずねた。

すると、東條首相が「ハル・ノートを御覧になって、いかに平和を愛好され給う陛下も……」といって、突然、口をつぐんだ。開戦の重大な責任は、天皇ではなく、輔弼《ほひつ》（天子の政治をたすけること）の責任者である自分が負うべきことに、気付いたのだった。

十一月二十八日に、ルーズベルト大統領はホワイトハウスで閣議を行ない、「天皇《エンペラー》ヒロヒト」に宛てて、アメリカがいかに平和を強く希求し、戦争を回避することを欲しているか訴える、大統領親電を起草して送ることを決めた。

十一月二十九日に、東條首相以下主要閣僚と重臣が宮中に参内して、天皇に前日の閣議による開戦の決定を、上奏した。天皇は、まだ躊躇《ためら》っておられた。

翌日、天皇は嶋田繁太郎《しまだしげたろう》海相と永野軍令部長をお召しになって、「いよいよ、矢を放つことになるが、矢を放つとなれば、長期戦になると思う。予定通りやれるだろうか？」と、御下問された。

天皇はさらに、「ドイツが戦争をやめてしまったら、どうなるのか？」と、たずねられた。

嶋田が「人も、物も、すべて万端の準備が整っております。大命降下をお待ちするばかりでございます。この戦争に石に齧《かじ》りついても、勝たねばならぬと考えております。ドイツをけっして頼りにしてはおりません」と、お答えした。

十二月一日に、御前会議が催された。東郷外相、賀屋蔵相も含めた全員が、十一月一日の連絡会議で行なった決定通りに、開戦に同意した。

御前会議では、「十一月五日決定ノ『帝国国策遂行要領』ニ基ク対米交渉ハ遂ニ成立スルニ至ラズ　帝国ハ米英蘭ニ対シ開戦ス」と、決定された。誰も異議がなかった。天皇は玉座《ぎょくざ》から身じろぎもされず、終始、沈黙を守られた。

ついに、開戦の聖断が下った。参列者は宮中から退出しても、硬い表情を崩さなかった。

東條首相はその直後に、側近者につぎのように語っている。

「お上《かみ》が日米交渉を白紙に還元して、再検討せよと仰せられたので、私は誠意をもってこれを実行したが、どうしても戦争に突入せねばならぬとの結論に達したので、お上にお許しを願った。

しかし、なかなかお許しがなかった。そして、ようやくやむをえないと、仰せられた。

お上が真に平和を愛しておられ、平和を大事にしておられることを、目のあたり拝察できて、私は何とも申し訳ないことを、お許し願わねばならないので、残念至極だった。

お上は日英同盟のこと、英国御訪問中受けられた、英国側の厚情などを、静かに仰せられた。

私は二度とこのようなお許しを願う羽目にならないようにと、心から願った。宣戦の大詔のなかに、『豈《あに》（どうして）朕が志《こころざし》ならんや』とある文句は、もと原案になかったのを、特にお上の仰せで、加えられた」

日本は国家の存亡を賭けて、対米戦争に必死になって立ち上がった。しかし、アメリカの圧倒的な力に、いかようにも抗しようがなく、本土を焦土として、戦闘員と非戦闘員を合わせて二八〇万人以上を犠牲にして、敗れた。

暗号解読で、事前にすべてを承知していたアメリカ政府

二日に、海軍軍令部がハワイへ向けて進撃中の第一航空艦隊に対して、「新高山《にいたかやま》登レ一二〇八」という指令を暗号で打電することによって、十二月八日の開戦を報せた。

今日では「マジック」が解読した文書が、みなTOP SECRET（極秘）の文字の上に、太い黒線が引かれたうえで、すべて公開されている。「新高山登レ」は「CLIMB MOUNT NIITAKA, 1208 REPEAT 1208」と、訳されている。

外務省は在米大使館に対して、三台あった暗号機を一台だけ残して、破壊するように命じた。大使館はその指令に従ったが、暗号機の破壊は開戦が迫っていることを、意味した。

十二月六日(ワシントン時間)に、野村大使に宛てて、十一月二十六日の米側提案(〝ハル・ノート〟)に答える対米覚書を打電するが、長文のものであるから、全文が届くのは、明日になるかもしれないと予告し、覚書を米側に提示する時期については、追電するので、「訓令次第何時ニテモ米側ニ手交《しゅこう》シ得ル様文書ノ整理ソノ他万端ノ手配」を整えるように指示した訓令が、発せられた。

そのうえで、対米最後覚書を十四部に分割して、一時間おきにワシントンの大使館に打電した。一時に長文電信を送ると、アメリカ側に日本の企図を察知されると、警戒したからだった。

合わせて、東郷外相から両大使と館員一同が交渉妥結のために、数カ月にわたって苦闘したことに対して感謝する電報が、送られた。

七日午後五時半(日本時間)に、最後の訓令として、「対米覚書貴地時刻七日午後一時ヲ期シ米側ニ(成《な》ルベク国務長官ニ)貴大使より直接御手交アリタシ」と、打電された。

「マジック」は、東京が野村大使に宛てて最終覚書を、七日の午後一時(ワシントン時間)に手交することを命じた訓電を、ただちに解読して、大統領、国務長官、陸海軍長官、陸軍参謀総長、海軍作戦部長に配布した。

六日夜に、レスター・シュルツ海軍中尉が一部から十三部まで、「マジック」によって解読された文書を、ホワイトハウスの大統領執務室《オーバル・オフィス》まで届けた。

ルーズベルトはハリー・ホプキンスと、話し込んでいた。ホプキンスはルーズベルトの懐刀として知られ、ニューディール政策の推進者であり、商務長官も務めた。ルーズベルトが、誰よりも気を許したブレインだった。

シュルツは椅子もすすめられずに、直立不動の姿勢で立っていた。

ルーズベルトは一〇分間ほどで、読み終わった。

ルーズベルトは解読文から目をあげると、ホプキンスに「これで、いよいよ戦争だ《ディス・ミーンズ・ウォア》」と言った。

シュルツは全身を耳にして、聴いていた。

ホプキンスが「それなら、われわれから彼らが出てくるところを、叩くべきだ」と、言った。すると、ルーズベルトが「いや、われわれは民主主義国だ。それはできない《ウィ・キャント・ドゥ・ザット》」と、答えた。

十二月六日（ワシントン時間）に、アメリカとの外交関係を断絶することを意味した十三部についで、十四部を解読したマーシャル参謀総長は、日本による開戦の決定を一刻も早くハワイに知らせるべきであるのにそうはせず、民間のウェスタン・ユニオン会社でサンフランシスコに送り、そこからやはり民間のＲＣＡ（ウェスタン・ユニオンと並ぶアメリカの有名な電信会社）を使って、ホノルルのショート陸軍司令官まで送った。ショート中将が電文を受け取ったのは、日本軍の真珠湾攻撃が終わってから、六時間後だった。キンメル太平洋艦隊司令官に電文が渡ったのは、さらにその二時間後だった。

十二月七日（日本時間）深夜に、ルーズベルト大統領から天皇に宛てた親電が、東京に届いた。「アメリカ国民はつねに平和を願い《ザ・ピープル・オブ・ジ・ユナイテッド・ステーツ・ビリービング・イン・ピース・》、諸国も生存する権利があることを《アンド・ザ・ライト・オブ・ザ・ネイションズ・》信じ《ツウ・リブ》……」から始まっている。英語で八一六語《ワーズ》のものだった。そのなかに、新しい提案は何一つなかった。

ルーズベルトがアメリカが終始、平和を求めていた証拠を偽装して、後世に残すことをはかったものだった。

七日（ワシントン時間）朝、ワシントンの日本大使館に本国政府から、暗号帳を直ちに燃却し、最後の一台の暗号機を破壊するように指示した訓令が、送られた。国交断絶の直前に、かならずとられる措置である。

在米大使館が本省から最終覚書を、アメリカの東部標準時間で十二月七日午後一時に手交することを指示されたのにもかかわらず、野村、来栖両大使がハル国務長官に手交したのは、真珠湾攻撃後の午後二時過ぎになった。野村も、来栖も日米が開戦したことを、まだ、知らなかった。

この失態は、ワシントンの大使館における情況の認識が、東京と大きく異なっていたことと、綱紀が弛緩していたことによるものだった。野村が予備役の海軍大将だったために、館員を掌握していなかった。もし、外務省から大使が出ていれば、日本大使館があのような失態を演じることは、なかったはずだった。

ハル長官は、野村、来栖両大使から最終覚書を受け取ると、すでに「マジック」によって全文を読んでいたので、しばらく読むふりをした。

そして、顔をあげると、「永い公的な生活で、これほど虚偽にみちた文書を、見たことはない」といって、両大使に部屋から出てゆくように、促した。

ハワイにだけは情報を伝えなかった謎

ホノルルの日本総領事館が東京の求めに応じて、ハワイ時間で十二月一日から十二月六日にかけて、連日、真珠湾軍港に停泊しているアメリカ太平洋艦隊の艦船の艦種や、その配置や、対空火砲の配備状況について詳細な報告を外交暗号に組んで送ったのを、アメリカ側は「マジック」によって、つかんでいた。ハワイを攻撃する意図がなければ、これほど詳細な情報を求めるはずがなかった。

ルーズベルト大統領は、日本が十二月七日（ハワイ時間とアメリカ東部時間）に、ハワイを攻撃することを、知っていた。

それにもかかわらず、マジック情報は、肝心のハワイの太平洋艦隊司令官のハスバンド・キンメル大将と、陸軍司令官のウォルター・ショート中将だけには、知らされなかった。

真珠湾が奇襲された日曜日の朝は、空がいつものように美しく晴れあがっていた。

キンメル大将は、陸軍司令官のショート中将と、オアフ島のフォート・シャフターの陸軍の九ホールのゴルフ・コースで、午前九時からゴルフを楽しむ約束をしていた。

キンメル大将は午前七時四十五分に、まだ官舎にいた。ゴルフウェアを着ていたが、真珠湾の方角から、大きな爆発音が連続して伝わってくるのを聞いて、驚いた。

「マジック」情報は、チャーチル首相、マニラのダグラス・マッカーサー・フィリピン防衛司令官、オランダ領東インド諸島総督にも、送られていた。スターク海軍作戦部長が「マジック」を、「何とも素敵な仕掛け《スプレンディッド・アレンジメント》」と呼んだのにもかかわらず、なぜか、ハワイにあった軍最高責任者だけが、除外されていた。

キンメルは危機が迫っていることを、知らなかったから、空母二隻を除く主力艦がすべて真珠湾軍港内に繋留され、飛行場では爆薬庫に鍵がかけられていた。指揮下にあった五四機のＰＢＹ長距離偵察用飛行艇も、全機が地上にあった。

ルーズベルト大統領は、真珠湾攻撃（ハワイ時間では、十二月七日）の前夜に、ホワイトハウスに家族全員を集めて、夕食を楽しみながら、談笑した。

大統領は食事中に、中座した。ほどなくして戻ってくると、晴れやかな表情を浮かべて、家族を見回して、「戦争は、明日始まるよ」と、言った。

十二月七日（ハワイ現地時間）早朝に、真珠湾から北二〇〇マイルまで迫った六隻の空母の甲板から、飛行甲板の両側に並んだ乗組員が「祖国よ。幸あれ」と、必死に手を振るなかを、第一波攻撃隊の一八三機が、次々と離艦していった。

日本時間で十二月八日午前三時十九分に、第一波攻撃隊総隊長の淵田《ふちだ》美津雄《みつお》中佐が真珠湾の上空から、「ト、ト、ト」と奇襲に成功したことを報告する「ト連送」を発した。

ト連送は、瀬戸内海の柱島《はしらじま》にあった、連合艦隊旗艦『長門』によっても、はっきりと受信された。

第一波攻撃は午前七時五十三分（ハワイ時間）に始まった。

真珠湾が劫火《ごうか》に包まれることによって、日本の独り芝居が終わった。

ルーズベルトは日本を計画的に挑発して、アメリカを攻撃させ、日本に自殺を強いることに成功した。ルーズベルトは、稀代《きたい》の魔術師だった。

野村大使は二月十一日にワシントンに着任してから、十二月七日までルーズベルト大統領と一〇回、ハル長官と六〇回にわたって会談した。ルーズベルトも、ハルも、日本をあやしていたのだった。

ルーズベルトはアメリカをヨーロッパの戦争に参戦させるために、日本が真珠湾を攻撃することを知りつつ、ハワイの太平洋艦隊を生け贄《いにえ》にしたのだった。

ルーズベルトは、日本を罠に掛けただけではなかった。

真珠湾のアメリカ太平洋艦隊は、ルーズベルトによって奇襲されたといって、よかった。

アメリカの参戦決定と、チャーチルの感激

日本では十二月八日午前六時に、アメリカ、イギリスに対して戦争状態に入ったことを知らせる、ラジオの臨時ニュースが流れた。

「臨時ニュースを申し上げます」というアナウンサーの声に続いて、「大本営陸海軍部、十二月八日午前六時発表　帝国陸海軍は本八日未明西太平洋においてアメリカ・イギリス軍と戦闘状態に入れり」という、短い発表が流れた。

日米開戦の日の夜、東條首相は午後七時から首相官邸の小食堂において、杉山参謀総長、永野軍令部総長、嶋田海相、武藤陸軍省軍務局長、岡敬純《おかたかずみ》海軍省軍務局長、星野直樹《ほしのなおき》書記官長、谷正之《たにまさゆき》情報局総裁、山本熊一《やまもとくまいち》外務省アメリカ局長などの政府、軍幹部の一八人を招いて、夕食を共にした。厨房で用意された中華料理が供された。

この席上、東條首相は海軍側から真珠湾の戦果が発表されると、相好《そうごう》を崩して、「予想を大きく上回る。これで、いよいよ、ルーズベルトも失脚だね」と言って、喜んだ。

すると、杉山参謀総長が「先ごろ、石清水《いわしみず》八幡に参拝したが、そのとき、こんどの戦争に神風《かみかぜ》の助けを借りなくて済むようにと、祈ったよ」と、言った。

海軍は機密が洩れることを極度なまでに恐れていたから、首相だった東條にも、陸軍に

も、知らせていなかった。

ワシントンでは、十二月七日に真珠湾が攻撃されたその日のうちに、ルーズベルト大統領が主要な上下院議員を、ホワイトハウスに招いた。

ルーズベルトは議員たちと握手を交わすと、自信に満ちた声音《こわね》で、「私はわが国が攻撃された場合以外には、戦争に突入することはありえないと、繰り返し誓約してきたが、われわれは攻撃されたのだ。このことには、何らの疑問もない」と、語った。

この日、ホワイトハウスにおいて、ニューヨークのCBSラジオ放送のエドワード・マローが、ルーズベルト夫妻から夫人同伴で夕食に招かれていた。

マローはCBSのニュース番組のキャスターで、全米で人気が高かった。

マローは午後、まだニューヨークにいたが、ラジオで日本が真珠湾を攻撃した第一報を聞いた。

そこで、ワシントンのホワイトハウスに連絡して、夕食が予定通りに行なわれるのか、たずねた。変更がないと、知らされた。

マローは夫人のジャネットを連れて、ワシントンに着くと、ペンシルバニア駅からタクシーで宿泊先のヘイ・アダムス・ホテルに入った。身なりを整えると、ホテルから徒歩でホワイトハウスの前のあまり広くないラファイエット公園を抜け、ペンシルバニア大通りを横切って、ホワイトハウスの北玄関《ノース・パティコ》から館内に招き入れられた。

小食堂に通されると、エレノア・ルーズベルト夫人が待っていた。

エレノアが「いま、夫は上下院議員や、軍幹部と緊急に会っている」と言った。

結局、大統領は夕食に参加することなく、ファーストレディが自らつくった手料理が運ばれてきて、振舞われた。手料理は、炒り卵《スクランブル・エッグス》だった。この日は日曜日だったために、シェフが休んでいたので、エレノアがつくったのだった。

食事が終わる前に、大統領の案内係のパウエル・クリムがやってきて、大統領が食事後に、マローと話したいと言っていると、伝えた。

食後に、二階にある大統領専用書斎《オーバル・スタディ》の前で、マローは真夜中近くまで待たされた。そのあいだ、上下院議員や、高級軍人が忙しく出入りした。

やっとなかへ通されると、ルーズベルトが広報担当補佐官のウィリアム・ドノバン大佐をともなって、待っていた。

ルーズベルトはマローに不安そうに、「アメリカ国民は真珠湾攻撃が、日本の一方的な仕打ちであることを、ちゃんと理解して、宣戦を布告するのを一致団結して、支持してくれるだろうか?」と、たずねた。

ルーズベルトはマローが答えようとすると制して、イギリス外務省高官のホワイトヘッドから受け取った「独裁諸国からの攻撃によって、アメリカはかならず固く団結する」と書かれた電報を読みあげたうえで、「われわれが(日本に)宣戦布告するのを、アメリカ国民は結束して支持してくれると思うかね?」と、もう一度、念を押した。

マローが「もちろん、国民は一致して支持します」と答えると、大統領が安堵《あんど》して表情を緩ませた。

翌日、ルーズベルト大統領は議会両院総会に臨んで、「アメリカは日本による卑劣きわまる騙し討ち《スニーク・アタック》を、蒙った。アメリカにとって、屈辱の日《ザ・デイ・オブ・インファミー》である」と述べて、日本に対して宣戦布告することを求めた。

議員が総立ちになって、割れるような喝采《かっさい》のなかで、対日宣戦布告を承認した。

後にスティムソン陸軍長官がこの日について、

「私は日本が(真珠湾を)奇襲したという、最初のニュースが届いた時に、何よりまずほっとした。この危機が到来したことによって、決断できなかった時が去り、アメリカ国民全員を一致団結できるのだと思って、安堵した。

（真珠湾における）損害の報告が、刻々と入ってきて、急速に大きくなっていったにもかかわらず、そのあいだ中、深い満足感にひたった」

と、記している。

ロンドンでは、十二月七日（ロンドン時間）に、チャーチル首相が午後九時に日本軍がハワイでアメリカ艦隊を襲撃したというニュースを、ラジオで聞いて知った。

チャーチルはすぐにホワイトハウスを呼び出して、ルーズベルト大統領に電話を入れた。

チャーチルがラジオのニュースを確認すると、ルーズベルトが意気揚揚《いきようよう》として、「日本は真珠湾を攻撃した。いまや、われわれは同じ船に乗ったわけだ」と答え、チャーチルが「これで、事が簡単になった」と、相槌《あいづち》をうった。

チャーチルは後に著書『第二次世界大戦』のなかで、「彼ら（ルーズベルトとその側近）が長い間の苦しみから、解放されたように思えた」と、述べている。

そして、この日、日本の参戦によって、「すでに戦争に勝った。（略）われわれは戦争に勝ったのだ。（略）私は感激と興奮によって満たされて、すっかり満足して床につき、救われたことに感謝しながら、安らかな眠りにおちた」と、述べている。

ルーズベルトは、いかにして四選を果たしたか

大戦中の一九四四（昭和十九）年六月二十日に、イギリスのオリバー・リトルトン工業大臣が、ロンドンのサボイ・ホテルで催されたアメリカ在英商工会議所主催の昼食会に、講師として招かれて講演し、「日本はアメリカによって謀《はか》られて、真珠湾を攻撃した。アメリカが戦争に追い込まれたというのは、歴史を歪曲したもの《トラベスティ・オブ・ヒストリー》だ」と、語った。

もっとも、この発言はアメリカの強い要請によって、戦争が終わるまで公表を禁じられた。

一九四四年は戦時下だったが、ルーズベルトは四選に向けて、共和党候補のトマス・デューイ・ニューヨーク州知事を相手に大統領選挙を、戦った。

この時に、デューイはルーズベルト大統領が日本の外交暗号と、海軍暗号を解読して、事前に、日本による真珠湾攻撃を承知していたにもかかわらず、故意にハワイの太平洋軍司令部に情報を伝えることをしなかったことを取りあげ、ルーズベルトを攻撃しようとした。

ジョージ・マーシャル参謀総長が、デューイの動きを知って、日本がいまだに海軍暗号を解読されていることを知らないから、もしそのことが暴露されたら、利敵行為になると

いって、デューイを説得した。デューイは思いとどまるほかなかった。

デューイは、ルーズベルトに三〇〇万票の差（得票率では五三・四パーセント対四五・九パーセントで、七・五パーセント差）で敗れた。大統領選挙におけるこのような僅差は、一九一六（大正五）年以来のことだった。

終戦の方策を考える余裕すらなかった日本

杉山参謀総長が「神風の助けを借りなくて済むように」祈った二年一一カ月後の一九四四（昭和十九）年十月二十日に、フィリピンのルソン島から、はじめての特攻隊が出撃した。関行男《せきゆきお》海軍中尉が「本攻撃隊を、神風《しんぷう》特別攻撃隊と呼称す」という編成命令を受け、ルソン島のマニラから八〇キロ北にあるマバラカット基地から、最初の特攻隊として、八機の僚機を率いて飛び立った。

今日、マバラカットの基地の跡に、フィリピンの人々の手によって、「ここから、世界《ワールズ・》最初の公式人間爆弾《ファースト・オフィシャル・ヒユーマン・ボンブ》となった関行男中尉が、「飛び立った」と刻まれた碑が、設置されている。

石清水《いわしみず》八幡宮は、京都の南西を守護する神社として、平安時代の八六〇（貞観《じょうがん》二）年に建立され、『徒然草』にも登場するが、社格が伊勢神宮と並ぶとされてきた。

東條首相が開戦に当たって、「人間一度は清水《きよみず》の舞台から、飛び降りてみるものだ」と語ったことは、よく知られている。

東條首相は清水の舞台から飛び降りるといって、国家と個人を混同していた。京都の清水寺では、高い舞台が本堂から深い谷に面した山の斜面にせりだすように、地面から高く設けられている。

日露戦争に当たっては、国家指導者が終戦の方策について、熟慮したうえで開戦したが、対米戦争に踏み切った時には、どのようにしたら、戦争を終結することができるのか、誰一人考えていなかった。

それよりも、考えることができないところまで、追い詰められていた。

明治の指導者たちは戦争を始めることよりも、終わらせるほうが難しいことを、よく承知していた。一九四一（昭和十六）年の日本には、そのような余裕がなかった。

昭和天皇は開戦前の十一月二日に、東條首相、杉山、永野両総長に対して、終戦をはかるのに当たって、「収拾に（バチカンの）ローマ法皇を考えてみては、いかがかと思う」と、述べられた。

天皇の御意志によって、開戦後にローマ法王庁に、はじめて公使が派遣された。

もっとも、主敵であるアメリカでは新教《プロテスタント》、イギリスではイギリス国教会が支配的であり、カトリック（旧教）はともに少数派であるために、差別を蒙っていた。天皇は両国において、ローマ法王の影響力が限られていることを、ご存知なかった。

ヒトラー総統は、日本が真珠湾を攻撃した十二月七日に、モスクワ正面まで迫っていたドイツ軍に対して、独ソ開戦後、はじめて退却命令を発した。

この時点で、ドイツ軍は尖兵が、倍率の高い双眼鏡によってモスクワのクレムリンの塔を望める地点まで、進出していた。

だが、この年は、ロシアに例年より早く、冬が訪れた。ヒトラーは冬将軍が到来するまでに、対ソ戦争を終結するつもりだったから、ドイツ軍は冬服を準備していなかった。そのために、ドイツ軍は限界まで疲労困憊《こんぱい》して、戦闘を続けることは不可能だった。

ソ連は度重なる五カ年経済計画にもかかわらず、道路がまったく舗装されていなかったために、ドイツ軍の車輛や、重装備が泥濘《ぬかるみ》にはまって難渋したのも、大きな原因となった。

アメリカで追究された真珠湾奇襲の真相

アメリカでは、ノックス海軍長官が真珠湾攻撃から間もなく、調査のために現地を訪れて、ルーズベルト大統領に報告書を提出した。

当時、極秘にされた報告書は、「ショートも、キンメルも、ワシントンにおいて日本政府から野村大使に送られた指示を傍受することによって明らかだった奇襲についてのはっきりした兆《きざし》について、何も知らされていなかった。

傍受した日本の機密電報は、野村大使が日本の最終覚書を、ハル国務長官に日曜日午後一時に手渡すことを、厳密に指示しており、何らかの形で奇襲が行なわれることを、意味していた」と、述べていた。

十二月十六日に、キンメル太平洋艦隊司令官とショート陸軍司令官は、ルーズベルト大統領によって、「職務怠慢《デイレリクシヨン・オブ・デユーテイ》」のかどで罷免された。同時に、キンメルとショートは、それぞれ大将と中将から、少将に降格された。

キンメルの後任に、ウィリアム・パイ中将が太平洋艦隊司令長官として、任命された。ワシントンは、パイがキンメルと交替してから、「マジック」情報をはじめてホノルルに送るようになった。

日本によって真珠湾が奇襲され、アメリカ海軍が甚大な大損害を蒙ったことから、アメリカ議会がその週のうちに、未曾有《みぞう》の惨禍の原因と、その責任について調査を始めた。

しかし、究明しようとしても、「マジック」情報が、その鍵だった。

戦時下だったから、アメリカが日本の外交暗号すべてと、日本の海軍暗号を一部解読していることを、公けにすることはできなかった。

海軍は開戦に至るまでの「マジック」情報を、すべて金庫のなかに収めて、封印してしまった。

キンメルは一九四六（昭和二十一）年に、議会において行なわれた真珠湾奇襲の真相を調査する委員会に出席して、「もし、自分に十分な情報が与えられていさえすれば、ハワイを防衛するのに必要な措置をとることができた」と、訴えた。

終戦一年半前に作られた日本占領統治計画

日本は一九四五（昭和二十）年八月十五日に、力尽きて敗れた。開戦の年の九月七日の御前会議で、永野軍令部総長が「戦うも亡国を免れない」と発言したのが、現実となった。

九月二日に、東京湾に浮かぶ戦艦『ミズーリ』の上甲板で、降伏文書調印式が行なわれた。

ペリーが一八五三（嘉永六）年に江戸湾に黒船を率いて侵入して、幕府を威圧した時に、旗艦『サスケハナ』が投錨したのも、やはり同じ場所だった。

その四年一一カ月前に、東京湾で帝国海軍の最後の観艦式となった「紀元二千六百年特別観艦式」が催され、『ミズーリ』が停泊したほぼ同じ場所から、天皇がお召艦『比叡《ひえい》』の艦橋に立たれて、連合艦隊の艦列を観閲されていた。

戦艦『比叡』は一九一四（大正三）年に建造され、一九四二（昭和十七）年十一月十二日に、ガダルカナル沖で空襲を受けて大破したうえで、自沈した。

日本がアメリカに対して決起して戦ったことが、賢明だったのか、愚かであったのか、大いに論じなければならない。

だが、日本国民をあげて善戦敢闘した武勇は、永く称《たた》えなければならない。武徳を称えない国は、かならず滅びる。

天皇は戦時下を通して、つねに平和を念じられた。

軍は開戦とともに、つぎつぎと赫々《かくかく》たる勝利を、あげていった。

一九四二（昭和十七）年一月二十六日に、宮城《きゅうじょう》（当時、皇居がそう呼ばれた）で宮中歌《うた》会始《かいはじめ》が催されるまでに、大英帝国が誇る戦艦『プリンス・オブ・ウェールズ』と『レパルス』をマレー半島沖において撃沈し、香港とフィリピンのマニラを占領した。

新年御歌会始の御題は、「連峯雲」だった。

天皇は「峯《みね》つゞきおほふむら雲ふく風の　はやくはらへとたゞ（ただ）いのるなり」と、詠《よ》まれた。

昭和天皇は大戦中を通じて、数多くの御歌をつくられたが、戦争を称えたり、好戦的なものが、一つとしてなかった。

私は一九五〇年代から七〇年代にかけて、対日占領に当たった連合軍総司令部や、大戦中の政権の幹部の多くとアメリカで会って、当時を回想してもらった。

日本国憲法の制定の過程について質《ただ》したなかで、先の特別研究部（ＳＲ）に行きついた。

日米開戦後に、国務省の特別研究部に、陸軍が加わって、戦後計画委員会となった。一九四四（昭和十九）年三月に報告書が、まとめられた。

その骨子は、日本をアメリカによる単独占領下に置いて、日本の徹底的な非武装化と、

「民主化」を行ない、後になって日本が講和条約によって独立を回復しても、名目的なものとして、実質上はアメリカの管理下に置くというものだった。

天皇を占領下で在位させて利用し、日本政府を存続させて、間接統治することが盛り込まれた。

二〇カ月後に始まった対日占領は、戦後計画委員会による筋書きに、沿ったものとなった。

日本国憲法にこめたアメリカの狙い

一九四四（昭和十九）年十二月に、今度はドイツと日本を戦後どのようにして処理するか、計画するために、国務省のSRに、陸海軍三省が加わって、調整委員会が発足した。

日本はそのもとに置かれた極東小委員会によって、扱われることになった。

国務省では、ヒュー・ボートン（一九〇三〜一九九五年）が中心になって、対日平和条約案を作成する作業が始まった。

ヒュー・ボートンは、代々、敬虔《けいけん》なクエーカー教徒の家庭に生まれ、一九二八（昭和三）年に二十五歳で、クエーカー教団のアメリカ友情奉仕委員会によって、日本の調査を目的として派遣され、夫人のエリザベスを伴って来日、三年間にわたって東京に滞在した。

その後、一九三五（昭和十）年に、妻と一人娘のアンを連れて、再び日本に戻り、東京帝国大学大学院に編入、日本史を学んで、翌年、帰米した。

その後ボートンは、一九四二（昭和十七）年十月に、乞われて国務省に入省すると、SRの一員となった。

戦後、一九四八（昭和二十三）年に国務省を退官した後に、ニューヨークのコロンビア大学教授となり、日本専門家として教鞭《きょうべん》をとった。

私はボートン教授のもとに通って、対日講和条約案をつくった経緯について、質した。

一九四六（昭和二十一）年に、国務省の対日講和条約案が完成した。その内容は、きわめて過酷なものだった。

この対日講和条約第一次案では、日本が永久にいっさいの軍事力を持つことを禁じていた。そのうえ、日本の軍事力が将来万が一にも復活することがないように、入念な予防処置が組み込まれた。

航空機は軍用機はもちろん、民間機も一機すら保有することを禁じられ、戦略物資の貯蔵から、軍事目的を持つ研究、核平和利用に関する研究まで許されなかった。

公職追放は一定の水準以上の者については、講和条約が結ばれた後も、永久に続くことになっていた。

そのうえ、日本を条約で縛っただけでは、安心できず、日本が軍備、軍需品の生産能力を持つことがないように、講和条約を結んだ後に二五年間にわたって、極東委員会――連合国の対日占領政策の決定機関――を構成する一一カ国からなる国際監視団によって、監視されることになっていた。

対日講和条約の第一次案は、第一次大戦後にドイツに課せられたベルサイユ条約よりも、はるかに過酷なものだった。

マッカーサー元帥の総司令部は、この講和条約第一次案を下敷きにして、日本国憲法を押しつけるように、指示された。

現行の日本国憲法は、とうてい憲法と、呼ぶことができない。憲法を装った不平等条約である。

第3章　日本人が知らない日本の歴史的功績

うか。

盧溝橋事件は日本の仕掛けではなかった

日本がアメリカによって追い詰められて、対米戦争を戦った教訓から、何が学べるだろうか。

日本は日米交渉に当たって、アメリカも日本と同じように誠《まこと》がある国だと思って、相手の真意を疑うことなく、独り芝居を演じた。

今日でも、「日中友好」が成り立つと信じて、中国と良好な関係を結べると信じている、お人好しな人々がいる。

陸海軍の多くの軍人がドイツの勝利を信じて、ドイツに国家の未来を託した。

今日の日本は、日米安保体制のもとで、国の独立をすべてアメリカに預けて、防衛努力を怠っているが、外国に国家の運命を委《ゆだ》ねるのは、危険である。

アメリカはアジアについて、無知だった。日本は誤解されていた。私たちは日本をめぐる正しい情報を、外国人が理解できる形で、海外に発信しなければならない。

盧溝橋事件は、日本がひき起こしたものではなかった。

一九三七（昭和十二）年七月七日夜に、日本軍の一個中隊が夜間演習を終えようとしていたところ、突然、射撃を蒙った。その後も、盧溝橋方面から、何回にもわたって、射撃を受けた。

日本軍は七時間にわたって自制したが、射撃がやまず、翌日午前五時半になって、ようやく反撃した。

今では、中国共産党の工作員が日中両軍を衝突させようとして、夜闇を利用して日本軍に対して発砲したということが、定説となっている。

一九〇〇（明治三十三）年の義和団事件以後、日英仏などの諸外国の軍隊が、居留民を保護するために、駐屯する権利を得ていた。

私は一九七九（昭和五十四）年に、人民解放軍によって招かれて、初めて中国を訪れた。北京の天安門広場に面する軍事博物館に案内されたが、延安《えんあん》にあった中国共産党本部から、毛沢東の名で「全陸海空軍、全国民衆の愛国運動を結集して、侵略日本軍に立ち向かえ」と発せられた一九三七年七月七日午後十時付の電報が、展示されていた。

盧溝橋で、日本軍が反撃を開始する以前のことである。

中国共産党は日中を戦わせることを、強く望んでいた。

その後、第一次近衛内閣のもとで、日本は不拡大方針をとって、中国側と和平交渉を続けた。中国側の挑発が続くなかで、同じ年の八月に、突然、上海に戦火が飛び火したが、停戦協定が結ばれた。

日本は第一次上海事変後の一九三二（昭和七）年の休戦合意に従って、上海周辺に海軍陸戦隊をわずか三〇〇〇人だけ配置していた。

そこに、蔣介石総統の承認を得ることなく、張治中《ちようじちゆう》・京滬《けいこ》（南京上海）警備司令官率いる四〇万人の国民党政府軍が、日本租界に襲いかかった。張治中は後に回想録のなかで、自分が中国共産党の秘密党員だったことを、認めている。

日本軍が本国から増援され、戦闘が中国本土に拡大していった。

アメリカが日本に戦争を仕掛けた背後には、ソ連の手が働いていた。

ソ連は日本がアメリカと戦うことを、強く望んでいた。

ソ連は日本をつねに脅威としてみていた。独ソ戦が起こると、日本が背後から襲ってくることを恐れた。

戦後、アメリカ上院政府機能審査小委員会――通称マッカーシー委員会――の調査によって、ハリー・デクスター・ホワイト財務次官と、ロクリン・カリー大統領補佐官が、ソ連のスパイであることが、判明した。

ホワイトはハル・ノートを起草した時には、財務次官補だったが、一九四五（昭和二十）年に次官に昇進していた。ホワイトは逮捕される直前に、自殺した。
ルーズベルト大統領は、日本が真珠湾に「騙し討ち」を加えたといって、アメリカ国民を煽《あお》った。

しかし、一八四六（弘化三）年の米墨（「墨」はメキシコ）戦争も、一八九八（明治三十一）年の米西（「西」はスペイン）戦争も、アメリカ軍による奇襲によって始まっている。

アメリカは米墨戦争によってメキシコから、現在のテキサス、ユタ、ネバダ、カリフォルニア、アリゾナ、ニューメキシコの諸州を奪った。この時、奇襲に成功したザカリー・テイラー将軍はその余勢を駆って、第十二代大統領に当選した。

アメリカのお気に入りの国家でもあるイスラエルも、開戦に当たって、奇襲をお家芸としているが、これまでアメリカで非難されたことがない。

東京裁判で裁かれた「平和に対する罪」とは

日本占領を司った連合国軍最高司令官であり、東京裁判の主宰者であったマッカーサー元帥は、日本を侵略国家として、一方的に断罪した。

ところが、マッカーサーは東京裁判の判決から、わずか二年半後の一九五一（昭和二十六）年五月三日に、アメリカ上院軍事外交合同委員会において、日本はやむにやまれず自衛のために戦わざるをえなかった、という主旨の証言を行なった。日本はまだ占領下にあった。

マッカーサーは、アメリカが工業国にとって不可欠な石油や、屑鉄などの原料の対日禁輸を行なったことに触れて、「彼ら（日本）はもし、これらの原料の供給が断ち切られたら、一〇〇〇万人から一二〇〇万人の失業者が発生するだろうことを、恐れていた」「したがって、日本が戦争に飛び込んで行った動機は、その大部分が安全保障の必要に迫られてのことだった」と、述べた。

多くの日本国民が、アメリカ軍の占領下で行なわれた東京裁判を、それがあたかも厳正な司法裁判であったかのように、いまだに錯覚している。

通称〝東京裁判〟として知られているが、公式には極東国際軍事裁判と呼ばれた。

マッカーサー元帥が主宰した極東国際軍事裁判は、日本が戦争に敗れた翌年の一九四六（昭和二十一）年五月三日に、開廷した。

東京裁判は復讐劇であるよりも、日本国民に日本が犯罪国家であると、思い込ませるために行なわれた。

東京裁判では日本の二八人の指導者が、「平和に対する罪」によって裁かれた。東條元首相をはじめとする七人が、無惨にも処刑された。

マッカーサーは、一九四五（昭和二十）年八月三十日に、神奈川県厚木《あつぎ》飛行場に到着すると、専用機『バターン』号から、民主的な支配者を演出するために、略装で、寸鉄も帯びずに、コーンパイプを咥《くわ》えて、姿を現わした。

大本営陸軍部情報部長の有末精三《ありすえせいぞう》中将が、日本側の接伴員として、マッカーサーの乗機のタラップの下まで、出迎えた。

有末はマッカーサーがタラップから降り立つと、右手を伸ばして握手を求めたが、無視された。

私は有末元中将に何回か会って、話を聞いた。

有末は厚木にマッカーサーを出迎えた時に、先遣隊に「日米両国の和解を象徴して、日米両軍の部隊が横浜の大通りを分列行進を行なおうと、提案した」が、峻拒《しゅんきょ》されたという。

マッカーサーは到着したその日のうちに、「平和に対する罪」を犯したかどで、重大戦争犯罪人の逮捕を命じた。

それまで、国際法に「平和に対する罪」は存在しなかった。戦勝国となった連合国が、創りだしたものだった。

東京裁判では日本の指導層は、満州事変が起こった一九三一（昭和六）年から対米戦争を始めるまで、一貫して侵略戦争を企てた罪で裁かれたが、日本ではこの一一年間に、内閣が一三回も交替しており、政策にも一貫性をまったく欠いていた。

他方、ルーズベルトは一九三三（昭和八）年から、開戦の一九四一（昭和十六）年まで、九年にわたって大統領の座にあった。

東京裁判における「平和に対する罪」は、「侵略戦争を計画して、遂行した犯罪」とされた。

この「平和に対する罪」は、日本も含む一五カ国（のちに六三カ国）が、一九二八（昭和三）年に調印した「戦争放棄に関する条約」に、根拠を置いたものとされた。この条約は不戦条約、あるいはパリで調印されたことからパリ条約、また、共同提案者の名をとって、ケロッグ・ブリアン条約とも呼ばれた。

しかし、不戦条約が締結された時でも、侵略戦争について、定義することができなかった。侵略戦争と自衛戦争を区別することも、できなかった。

不戦条約は当時のアメリカのフランク・ビリングス・ケロッグ国務長官と、フランスのアリスティド・ブリアン外相が音頭をとって、二人の共同提案を受けて締結された。

ケロッグは侵略戦争か、自衛戦争かという判断の基準について、結局のところそれぞれの国家が「自己解釈権《ライト・オブ・オートインタプリテーション》」を備えており、自ら判断するほかないと、説いている。

アメリカ上院議会で不戦条約が調印された年の十二月七日に、この条約を批准《ひじゅん》することの是非をめぐって、討議が行なわれた。

ケロッグ長官は「国家が軍事的に攻撃されるのではなく、経済封鎖を受けた場合はどうだろうか?」という、質問を受けた。

ケロッグは「戦争を戦わないで、封鎖だけ行なうことは、ふつう考えられない」と、答弁した。質問した議員がさらに「経済封鎖は、戦争行為に当たると思うが、どうか?」と質《ただ》すと、ケロッグは「もちろん、戦争行為そのものだ《イッツ・アン・アクト・オブ・ウオア・アブソルートリー》」と、断言した。

日本が日米戦争に当たって侵略戦争を戦った罪で被告席に座らせられたが、史実は日本ではなく、ルーズベルト政権のアメリカが裁かれるべきだったことを、証している。

それまで、人類史で戦勝国が敗戦国を戦争を戦った罪によって、裁いたことはなかった。

今日でも、日本では〝東京裁判史観〟を信じている者が少なくないが、東京裁判自体が悪質な国際法違反だった。

日米戦争の原因の一つは人種差別

東京裁判は司法的にみせかけて、体裁《ていさい》をつくろった私刑《リンチ》だった。

日本では今日に至るまで、「東京裁判史観」という言葉が定着している。だが、とうてい史観とすらいえるものではないから、滑稽《こっけい》なことだ。

東京で連合軍が日本の指導者たちを「侵略戦争」を計画して、実行した罪によって裁いていたあいだ、イギリス軍、フランス軍、オランダ軍が、大戦中に日本が解放したインドネシアや、ベトナム、ビルマ、マレーを再び植民地としようとして、これらの諸国や、地域に対して侵略を働いていた。

アメリカが日本に戦争を強いた大きな原因の一つが、人種差別だった。

昭和天皇は一九四六（昭和二十一）年四月に、戦争の原因として、「白色人種の有色人種に対する優越感によって、日本人種が嫌われたことがある」と、側近に語られた。

東京裁判の判事の一一人のなかで、ラダビノド・パル判事、オランダのバート・V・A・レーリンク判事と、フランスのアンリ・ベルナール判事の三人が、判決に反対する少数意見を提出した。もちろん、占領下で三人の反対意見は、公表が禁じられた。

パル博士は「連合国は極東軍事裁判で、日本が侵略戦争を行なったことを歴史にとどめることによって、欧米列強による侵略を正当化し、日本に過去の罪悪の烙印《らくいん》を押すことが目的だった」と、断じている。

レーリンクは、後に著書のなかで、次のように述べている。

「私たちは滞日中、東京をはじめとする都市を爆撃して市民を大量に焼殺したことが、念頭を離れなかった。私たちは国際法を擁護するために裁判をしていたはずなのに、連合国が国際法を徹底的に踏み躙《にじ》ったことを、毎日、見せつけられていたから、それはひどいものだった。もちろん、勝者が敗者を裁くことは不可能だった。まさに復讐劇だった」

「日本はアジアをアジア人の手に取り戻すために戦ったが、日本は軍事力を用いてアジアから西洋の植民地勢力を駆逐する意図は持たなかった。日本の当時の軍事力は、防衛的な性格のものだった」

といって、日本がアメリカによって追い詰められて、開戦を強いられた経緯を、詳しく説明している。

レーリンクは「人種差別が、太平洋戦争の主因の一つだった。連合国の国民は、日本人を人間以下とみなすように教育されていた。広島、長崎で数十万人を、一瞬のうちに焼殺したのも、人間ではないと感じたから、できたのだった」と、述べている。

日本では人種によって差別することが、歴史を通じてまったくなかったから、キリスト教圏においてつねに行なわれてきた、激しい人種差別を理解することが難しい。

アメリカにおける日系人に対する差別は、ひどいものだった。日米戦争が始まると、一二万人以上のアメリカ国籍を持っていた日系人が、全財産を没収されたうえで、有刺鉄線によって囲まれた強制収容所に、送られた。

収容所の衛生も、環境も、劣悪だった。監視塔のうえに、銃を携えた兵士が見張っていた。

これは、アメリカ憲法の重大な違反だった。それにもかかわらず、日系人によって442部隊が編成されると、ヨーロッパ戦線へ送られて奮闘し、アメリカ軍の最高殊勲部隊となった。

一九七六（昭和五十一）年に、私がワシントンを訪れたところ、ホワイトハウスから連絡があって、フォード大統領が先の大戦中に日系人を強制収容所に送った、大統領行政命令を無効にする大統領令に調印するといって、式典に招待された。

ホワイトハウスにおいて行なわれた式典には、日系の上下院議員をはじめ、二〇人あまりの日系人のリーダーたちが参列した。日本人は私だけだった。式典後の茶会で、私は「アメリカ国民が戦後、日本に敬意を払うようになったのは、日本の力ではけっしてなく、日系米人の血が滲《にじ》むような努力によるものだ」と言って、感謝した。

一九四四（昭和十九）年のアメリカは、日本に対する激しい憎しみによって、沸き立っていた。

この年に行なわれたギャラップ社の世論調査では、回答者の一三パーセントが、「日本民族を絶滅させる」ことを、支持していた。はじめから、「日本民族を絶滅させるべきか」という質問が、用意されていたのだった。

このころに、ルーズベルト大統領はスミソニアン研究所で働く、文化人類学者のアールス・ヒルデリカをホワイトハウスに招いて、「日本人全員を、温和な南太平洋の原住民と強制的に交配させて、無害な、やる気がない民族につくり替える計画をたてたい」と、語った。

しかし、さすがにこの計画について、研究が行なわれることはなかった。

トルーマンもマッカーサーも、人種差別主義者だった

ルーズベルトが死去したのを受けて、大統領となったハリー・トルーマンも、激しい人種差別主義者だった。

ルーズベルトはミズーリ州選出上院議員のトルーマンを軽蔑していた。一九四四（昭和十九）年の大統領選挙に当たって、政治的な必要から、トルーマンを副大統領候補として組んだ。しかし、ルーズベルトはトルーマンを無視して、民主党大会で正副大統領候補として指名を受けた時と、大統領就任式以外に、死去するまで、トルーマンと一度も顔を合わせたことがなかった。

トルーマンはミズーリ州の貧しい家の出身で、大学教育も受けていなかったから、朴訥《ぼくとつ》で口汚かった。日本が降伏した直後に、日本人は「悪辣で、残忍な野蛮人だ《ビシャス・アンド・クルエル・サベジエス》」と言っている。

トルーマンは、ユダヤ人も嫌った。トルーマンはミズーリ州の自宅に、ユダヤ人を一度も入れたことがなかった。

一九四六（昭和二十一）年に閣議の席上で、「イエス・キリストが彼ら（ユダヤ人）を満足させることができなかったのに、どうして私がそうできようか」と、発言している。ユダヤ人がパレスチナに後にイスラエルとして独立する、新しいユダヤ人国家を建設しようとしていたのにも、反対していた。

トルーマン大統領は、「私はニューヨーカーではない。彼ら（ユダヤ人たち）はみな、私欲だけによって駆られている。私はやつらに構わないし、どうなろうと知ったことではない」とも、言っている。ニューヨークには、イスラエルが再建国されたパレスチナよりも、多くのユダヤ人が住んでいた。

マッカーサー元帥も、人種差別主義者だった。

東京時代を通じて高級副官として側近だったファビアン・バワーズ少佐が、元帥と専用車に同乗していた時に、外に小雨がしのついていた。

マッカーサーはバワーズに、「昔、東京に来た時も、このように雨が降っていた。ジャップは、おぞましい悪そのものだ」と、言った。

マッカーサーは日露戦争末期に、観戦武官として満州を訪れた父親に連れられて、日本にごく短期間、滞在したことがあった。

マッカーサーはルーズベルトのさまざまなお蔭を蒙り、ルーズベルトの生前、諂《へつら》っていたにもかかわらず、いつも側近に彼のことを悪し様《あざま》に言った。

ルーズベルトは、その生涯最後の日となった四月十二日の午前中に朝食をすませると、郵便物や、書類に目を通したうえで、死の三〇分前に、新しく手に入れた切手を取り出して、楽しんだ。このなかには、日本がフィリピンを独立させてから、フィリピン政府が発行した数十枚の切手もあった。アメリカ軍がマニラを占領した時に、ルーズベルトがマッカーサーに命じて送らせたものだった。

マッカーサーも、同じようにユダヤ人を蔑視していた。

側近とルーズベルトを話題にする時には、わざと「ローゼンフェルド」と名前を間違えてみせた。ローゼンフェルドは、典型的なユダヤ人の姓である。

バワーズはマッカーサーがトルーマン大統領についても、「トルーマン！　ユダヤ人の名前だ。あの卑しい顔を見れば、どうしても隠すことができない」(『エスクワイア』誌・一九六七年一月号）と語ったと、書いている。

トインビーが日本に与えた歴史的評価

世界的に著名な歴史家のアーノルド・トインビーは、一九五六（昭和三十一）年にイギリスの高級新聞『オブザーバー』紙（十月二十八日）に、次のように寄稿している。

「日本は第二次大戦において、自国ではなく、大東亜共栄圏の他の国々に思いがけない恵みをもたらした。

それまでアジア・アフリカを二〇〇年の長きにわたって支配してきた西洋人は、無敵で、あたかも神のような存在だと信じられてきたが、日本人は実際にはそうではなかったことを、人類の面前で証明してしまった。

これは、まさに歴史的な偉業であった」

「日本は白人のアジア侵略を止めるどころか、帝国主義、植民地主義、人種差別に終止符を打つことをなしとげた」

アメリカは一八九八（明治三十一）年の米西戦争で、スペインの植民地だったフィリピンとグアム島を奪った。

アメリカは同じ年に、ハワイに海兵隊を奇襲上陸させて、アメリカ領に組み込んだ。

アメリカにハワイ、フィリピンを支配する何の権利が、あったのだろうか。

十五世紀に大航海時代の幕があがってから、白人キリスト教徒は自分たちが神の選民であると思いあがり、アジア・アフリカを侵略してキリスト教化する使命があるとして、その行為を正当化した。キリスト教は、剣を隠し持った宗教だった。支配を全世界にひろげていったのは、香料や、胡椒《こしょう》、黄金、銀、奴隷を求めたものだったが、蛮地をキリスト教化するという大義名分によって、卑しい欲望を隠した。

軍人としては無能だったマッカーサー

日本の新聞はアメリカ占領軍に追従し、諂《へつら》った。朝日新聞は一九四八（昭和二十三）年十二月二十三日の皇太子誕生日に、東京裁判で死刑判決を受けた東條元首相以下七人が処刑されると、社説で「刑の執行は極めて厳《おごそ》かに行われた（略）憎悪や復讐の観念の影は、そこには全く見られなかったのである」と、説いた。

今日、マッカーサーが連合国軍最高司令官であった期間の紙面を読むと、恥ずかしくなるほど、マッカーサーを礼讃している。

トルーマンはマッカーサーを「二流の軍人」でしかないとみて、軽蔑していた。ルーズベルトがもっと早く死んでいたとすれば、マッカーサーが連合国軍最高司令官に任命されることがなかったかもしれない。

マッカーサーは、誇大妄想狂だった。尊大で、自分に陶酔していた。そして大統領になる野心に溢《あふ》れていた。ところが、マッカーサーは不勉強だったから、歴史感覚を欠いていた。

一九四五（昭和二十）年八月十日に、日本から条件つきでポツダム宣言を受諾する意向が、はじめて示された。

この日に、トム・コナリー上院外交委員長がトルーマン大統領に、「マッカーサーをジャップの降伏を受けつける連合軍司令官として任命するのは、大きな間違い《ビッグ・ミステイク》だ」と、言った。

コナリーはマッカーサーにそのような栄誉を与えて、マッカーサーの評価をたかめるのに、手を貸すべきではないと警告した。そうしたら、「マッカーサーが（一九）四八年（の大統領選挙）に、あなたの対立候補として立つことになろう」と、言った。

ハロルド・イックス内務長官も同じ理由から、トルーマンにマッカーサーではなく、対日占領の最高責任者として、マニラにいたポール・マクナット最高弁務官を登用すべきだと、進言した。

イックスはトルーマンが残念そうな顔をして、「ルーズベルトがやつを極東軍最高司令官に任命したから、いまになっては政治的にどうしようもない」と答えたことを、記している。

トルーマンはそのうえで、「ルーズベルトがマッカーサーにバターン半島から脱出するように、命じるべきではなかった。そのかわりに、ウェインライトを脱出させるべきだった。マッカーサーをそのままフィリピンに置いて、やつがつくりだした惨状《メス》の掃除に当たらせるべきだった」と、言った。

トルーマンはさらに「ウェインライトのほうが、はるかに優れた一級の軍人だ。マッカーサーのフィリピン防衛作戦は、惨憺《さんたん》たる大失敗《フィアスコ》だった」と、つけ加えている。

たしかに、マッカーサーはフィリピンの防衛に当たって、無能だった。真珠湾が奇襲された報せを受けた後に、数時間にわたって、何の措置もとらなかったために、クラーク飛行場にあった極東空軍のB17をはじめとする爆撃機や、戦闘機が日本軍の爆撃を蒙って、すべて地上で炎上してしまった。

しかし、マッカーサーは同じように奇襲を受けて、艦隊の大部分を失ったキンメル太平洋艦隊司令官のように、責任を問われることがなかった。ジョナサン・ウェインライト少将は、ルソン島北部軍司令官だった。

マッカーサーがルーズベルトの命令をとりつけて、コレヒドール要塞からオーストラリアまで、暗夜、高速魚雷艇に乗って脱出した後にも、アメリカ軍はウェインライトの指揮下で二カ月にわたって、日本軍に抵抗した。ウェインライトはコレヒドール島守備隊とともに降伏して、日本で捕虜生活を送った。

トルーマンはしかたなくマッカーサーを、連合国軍最高司令官に任命した。

マッカーサーの日本非武装中立論

八月十六日に、スターリンは、マッカーサーが連合国軍最高司令官となることを承認したが、同時にソ連が北海道の一部を占領することを、要求した。トルーマンはソ連軍が北海道に進駐することを、拒んだ。

スターリンはソ連軍が日本占領に参加することを、それ以上は要求しなかった。日本をアメリカに任せるのと引き換えに、ソ連が東ヨーロッパとバルカン半島で自由に振舞うのを認めさせようとしたものと、考えられた。

マッカーサーは日本の占領統治を、大統領への道の踏み台だと、みなしていた。

マッカーサーは自己を演出するのに、長《た》けていた。虚像をつくることに、熱中していた。その一挙一動が、大統領選挙へ向けたものだった。

マッカーサーのほうも、トルーマンを軽んじていた。マッカーサーは日本に進駐した直後の九月十七日に、トルーマン大統領からワシントンに来るように命じられたが、大統領と同格であるように振舞っていたから、多忙を口実にして、動かなかった。

トルーマンは翌月十九日に、今度はマーシャル参謀総長を通じて、マッカーサーにワシントンに出頭するように命じた。だが、同じ理由から応じなかった。

トルーマンはマッカーサーが〝対日戦争の英雄〟であるとともに、共和党右派の議員たちの強い支持を得ていたので、マッカーサーを扱いかねていた。マッカーサーは第一次大戦のフランスにおいて、レインボー（虹）師団の師団長だった。レインボー師団が戦功をたてて凱旋すると、ニューヨーク市民がマッカーサーと部隊を、ビルから降り注ぐ紙吹雪で迎えた。そのころから、マッカーサーは〝国民的な英雄〟となっていた。

マッカーサーは日本を徹底的に武装解除したうえで、日本が軍事力を永久に所有することなく、永世中立国となるべきだと、心底から信じていた。そして側近に、日本が非武装の中立国となれば、ソ連も日本を脅威としてみなさないから、日本を攻撃することはないと、述べている。

マッカーサーはもちろん、自分が日本に強要した日本国憲法を信奉していた。日本が独立を回復した後に、沖縄を除外したが、日本本土にアメリカ軍を駐留させることに、反対していた。そして、国連が日本の中立を保証すればよいと、考えていた。

マッカーサーは一九三五（昭和十）年十一月に、フィリピンの事実上の〝総督〟として、〝フィリピン憲法〟を起草して与えていた。この〝フィリピン憲法〟は、「国権の発動としての戦争を放棄」していた。フィリピンはアメリカの植民地だったが、半独立国のようなものだった。

マッカーサーのこのような考えかたは、戦後の日本社会党の非武装中立論と、変わらなかった。

今日、日本国民のあいだに、いまだに日本国憲法と国連を崇《あが》めている者が多いが、アメリカの植民地だったフィリピンのようになりたいと、憧《あこが》れているのだろうか。マッカーサーのおぞましい亡霊によって、憑《と》りつかれているとしか思えない。

マッカーサーは、沖縄や、太平洋諸島に展開している強力なアメリカ軍があれば、ソ連が日本を侵略することを試みても、阻止できると考えた。国務省と国防省の一部に、朝鮮戦争が勃発する前に、日本にアメリカ軍を補助させるために、小規模な軍隊を持たせるかたわら、日本の軍需産業を再建すべきだという意見があったが、マッカーサーの強い反対にあった。

もっとも、マッカーサーはボートンが中心となって作成した第一次講和条約案を大筋において支持したものの、日本の中立を定めていなかったことと、自分が占領統治を行なったことによって、日本が短期間で民主主義国として生まれ変わったことを誇示したかったから、日本を講和条約締結後も、長期間にわたって、極東委員会の管理下に置いて、日本に本当の独立をもたらすのを妨げていたのを、不満とした。

統合参謀本部も、日本が独立を回復した後に、アメリカ軍を日本に駐留させたかったから、ボートン案に全面的に同意しなかった。

日本の〝宗教改革〟を企《たくら》んだマッカーサー

マッカーサーは、尊大だった。マッカーサーはペリーの再来だった。

ペリーが一八五三（嘉永六）年に、日本に来寇した時に、吉田松陰《よしだしょういん》――二十四歳だった――が、「我吾《われあ》が国（アメリカ）の命を奉ずるを知るのみ、何ぞ日本の国法を知らんやと倨傲《きょごう》益々《ますます》甚《はなはだ》し」と憤《いきどお》った。倨傲とは、おごりたかぶることである。

　東京時代のバワーズ高級副官が、「側近たちはマッカーサーに近寄るのを、〃王座に《クロース・トウ・》膝行する《ザ・スローン》〃と表現していた」と、回想している。

　マッカーサーは「皇帝のように《エンピリアン・エア》」見えたが、「コマンダー・イン・チーフ（司令官）の頭文字を取ったCINC《シンク》と呼ばれるよりも、スプリーム・コマンダー・オブ・ジ・アライド・パワーズ（連合軍総司令官）の略称である、SCAP《スキャップ》と呼ばれることを好んだ」と、記している。CINC《シンク》はどこにでも大勢いて、ありふれていたからだった。

　マッカーサーの専用車である黒塗りのキャデラック――フィリピンの砂糖園主が貢いだものだった――は、星条旗と月桂冠によって囲まれた元帥旗を左右に立てて、ナンバープレートの番号は「1」だった。

　前後のナンバープレートの上には、青地に五つ星の元帥の記章がついたプレートがあった。

　バワーズの回顧によれば、専用車には合計して、四五個の星がついていた。

　マッカーサーは歴代のどの大統領であっても、「心から憎んでいた《モア・オブ・ア・ヘイター》」と書いている。

　マッカーサーもキリスト教徒として、アジア人を見下していた。

マッカーサーは日本をキリスト教化できるという、ひどい妄想にとらわれていた。

側近たちがボスを喜ばせようとして、日本でキリスト教徒が増えているという出鱈目《でたらめ》な数字を報告したために、マッカーサーは日本をキリスト教国に変えるのが、天から与えられた自らの使命であると、錯覚するようになった。

一九四六（昭和二十一）年七月に、ジェームス・フォレスタル海軍長官が訪日したが、マッカーサーは得意気に「天皇がほどなく、キリスト教に改宗する可能性が高い」と、語っている。マッカーサーは神道を徹頭徹尾《てっとうてつび》、原始的で、野蛮な宗教だとみていた。

この年の九月に、マッカーサーは自分が「日本の精神的革命《スピリチュアル・レボルーション》を成し遂げた」と記者団に語って、驚かせている。しかし、日本では闇市場が栄え、犯罪、違法行為が横行しており、とうていそのような精神革命が成就したといえなかった。

一九四七（昭和二十二）年五月に、日本社会党の片山哲《かたやまてつ》が首相となると、マッカーサーは有頂天になった。

片山は長老派教会のクリスチャンだった。マッカーサーはキリスト教徒が日本の指導者となったのは、「史上はじめて」であり、片山が首相となった「政治的な意味よりも、その宗教的な意味のほうが大きい」と、述べた。

マッカーサーは中国とフィリピンが、それぞれクリスチャンである蔣介石と、マニュエル・ロハスの指導下にあって、日本にもキリスト教徒の首相が登場したことによって、アジアが「聖書の光によって照らされる」と、満足に浸った。

ロハスはマッカーサーのフィリピン時代からの友人だった。戦争中に日本に協力したために裁判にかけられたが、マッカーサーによって救われ、片山よりも一年前にフィリピンの大統領となっていた。

マッカーサーはこの年にアメリカ議会に送った報告書のなかで、自分が「目下、日本国民の宗教改革《リフオメーシヨン》を進めている」と、自画自賛している。

片山内閣は九カ月で、倒れてしまった。蔣介石は信仰心が足りなかったわけではあるまいが、国共内戦に敗れて、一九四九（昭和二十四）年に台湾へ逃げ込んだ。

バワーズもマッカーサーが、「もうじきに日本がキリスト教国になる」と語ったのを、聞いている。

アメリカの日本に対する戦後処理の愚

マッカーサーは、日本の施政官としても無能だった。日本が降伏してから二カ月後に、幣原《しではら》内閣が発足すると、幣原首相に「労働組合の結成に力を入れるように」と、指示した。この結果、日本共産党が大きく力を伸ばした。

翌年一月に〝民主化政策〟の一環として、軍国主義的で、右翼的な〝好ましくない人物〟を公職から追放する措置がとられた。被追放者が全国で、二〇万人にのぼった。公職追放も、左翼勢力を大きく伸長させた。

マッカーサーはこの年二月に、訪日したジョン・マクロイ陸軍次官と会談した。私は晩年のマクロイ元次官から、当時の話を聞いた。

マクロイはマッカーサーに、GHQが日本の民主化を性急に行なっているために、日本を左へ押しやっており、公職追放や、財閥解体を、乱暴に進めるべきではないと、戒《いまし》めた。また、戦争犯罪者裁判が杜撰《ずさん》に進められて、「混乱《ファスコ》」を助長していると、批判した。

もっとも、一九五〇（昭和二十五）年六月に朝鮮戦争が始まると、マッカーサーは日本を非武装中立国家とする信念を捨てて、変節せざるをえなかった。

公職追放の鉾先《ほこさき》は一転して、左翼勢力へ向けられた。〝レッド・パージ〟と呼ばれたが、共産主義者や、その同調者が標的となった。日本共産党を事実上、非合法化した。

朝鮮戦争が始まった四〇日後に、マッカーサーは日本政府に対して、七万五〇〇〇人の警察予備隊を創設するように命じた。日本本土に駐留していたアメリカ軍が南朝鮮に出動したあとに、日本が空家になったからだった。

マッカーサーが警察予備隊を創設することを指令したことによって、日本の非武装化を定めたポツダム宣言が反故《ほご》となった。

チャーチルは大著『第二次世界大戦』の冒頭で、イギリス、フランス、アメリカが行なった第一次世界大戦の処理が「愚行」であったと、批判している。

アメリカの日本に対する戦後処理も、まさに愚行だった。

日本はアメリカが中心となって発せられたポツダム宣言を受諾して降伏したが、大戦が終わってほどなくして冷戦が始まると、占領政策は破綻《はたん》してしまった。

ルーズベルトを「狂人」と呼んだフーバー元大統領

もっとも、少数意見でしかなかったが、戦後、日本に対して寛大な態度をもって臨むべきだと、主張する声もあった。

そのなかに、ハーバート・フーバー元大統領がいた。フーバーは一九四五（昭和二十）年の時点で七十一歳になっていたが、一九二九（昭和四）年から三三（昭和八）年まで、大統領を一期だけ務めた。

フーバーはトルーマンが大統領に就任すると、トルーマンと親しかったために、トルーマンに対して私的な顧問のような役を務めた。

フーバーはルーズベルトに一九三一（昭和六）年の選挙で敗れたが、ルーズベルトがフーバーを激しく憎んでいたから、ルーズベルト政権のもとでは、まったく無視されていた。

フーバーはアメリカが第二次大戦に参戦する前に、ルーズベルト政権がイギリスに武器援助を行なったのに、強く反対した。

フーバーはトルーマンに対して、アメリカが真珠湾攻撃の報復をしようとするあまり、日本を壊滅させることがあってはならないと、戒めた。そして、共産主義がアジアへ進出するのを食い止めるために、日本と一日も早く講和するべきだと、説いた。

フーバーは日本がアジアの安定勢力であって、戦後も日本による朝鮮半島と台湾の領有を認めるとともに、日本経済の回復を援《たす》けるべきだと、主張した。

もっとも、マーシャル陸軍参謀総長や、スティムソン陸軍長官をはじめとする閣僚たちが、フーバーの提言が世論に逆らうものであるといって、強く反対したために、日の目をみなかった。

フーバーは「日本は基本的に、西側に属する国家だ」と、論じた。

また、フーバーは中国大陸の共産化を防止するために、日本軍が秩序をもって段階的に、撤収すべきことを進言した。

アメリカは日本占領中に米ソの冷戦が激化すると、日本占領政策を根本から改めた。

フーバーは炯眼《けいがん》だったと、いわねばならない。

フーバーは戦後、マッカーサーと会って、ルーズベルトを「狂人」と呼んで、次のように回想している。


「私が『日本との戦争のすべてが、戦争を仕掛けたいという狂人の欲望だった』と述べたところ、マッカーサーも同意した。

マッカーサーは『一九四一年七月の日本に対する金融制裁が、挑発的だったばかりでなく、その制裁を解除しなければ、たとえ自殺行為であったとしても、日本を戦争をせざるを得ない状態まで追い込んだ。経済制裁は殺戮と破壊が行なわれないものの、戦争行為に当たるものであって、どのような国であっても、誇りを重んじる国であったとすれば、耐えられることではなかった』と、述べた。

日本に対する経済制裁は、弾こそ撃っていなかったが、本質的には戦争であった」

もし、日本が朝鮮半島を領有しつづけたとしたら、朝鮮戦争は起こらなかった。日本軍が中国大陸にかなりの期間にわたって留まったとすれば、中国が共産化することもなかったはずである。

第4章　この教訓から何を学ぶか

国際政治は、いかに非情であることか

私はアメリカが七〇年以上も前に、卑劣きわまりない手段を弄《ろう》して、日本を追いつめたからといって、嫌米感情を煽ろうとは、少しも思わない。

だが、日本国民は国際政治が非情なものであることを、知らねばならない。

今も、私たちは日本に対して悪意をいだく、中国、韓国、北朝鮮、ロシアの四つの国と、向き合っている。

日本国憲法は日本の安全を、諸外国の「公正と信義」――善意に委ねると、定めている。日本国憲法の前文は、「平和を愛する諸国民の公正と信義に信頼して、われらの安全と生存を保持しようと決意した」とうたっているが、これでは日本は狼の群の前の羊だ。

日本国憲法を改めて、前文の「平和を愛する諸国民」の前に、「中国や、北朝鮮をはじめとする」という字句を挿入することを、提案したい。そうすれば、日本国民も全員があきれて、憲法を改正することに、諸手《もろて》をあげて賛成するにちがいない。

アメリカ占領軍は、日本国民に日本が犯罪国家であるという、罪悪意識を刷り込むことに努めた。

広島の平和記念公園の慰霊碑に、「安らかに眠って下さい　過ちは繰り返しませぬから」

という碑文が刻まれているのが、その成果の一つである。日本の行ないが核攻撃を招いた、という意味である。

私がアメリカでもっとも敬愛した女性は他界したが、ニューヨークに住んでいたイフジーン・サルツバーカー夫人である。『ニューヨーク・タイムズ』社の持ち主である、サルツバーカー家の家長だった。当時すでに八十代で、小柄ではあったが、いつも矍《かく》鑠《しゃく》として、好奇心に溢れていた。小気味がよいほど、潑剌《はつらつ》とした人だった。

私がアメリカに来ることを知ると、タイムズ・スクエアにある『ニューヨーク・タイムズ』本社の役員食堂で、編集幹部を集めて、ゲストと質疑応答を行なうことから、エディトリアル・ランチョンと呼ばれる昼食会を催してくれたり、マンハッタンの郊外のスタンフォードの邸宅で食事に招いてくれた。そういう時に、夫人は日本の政治状況や、対外政策について、的確な質問をした。

ある時、夫人がスタンフォードの自宅で晩餐会を催してくれた席に、タイムズ紙の大記者と呼ばれたジェームズ・レストン記者の他に、夫人の古い友人で、前大戦の最後の年まで陸軍次官をつとめた、ジョン・マクロイが招かれていた。私はマクロイがトルーマン政権による原爆投下の決定に参画したことを、知っていた。

私は広島・長崎に対する原爆投下を話題にして、「あの時、日本がもし原子爆弾を一発でも持っていて、アメリカのどこかに落とすことができたとしたら、日本に核攻撃を加えたでしょうか」と、たずねた。

すると、レストンが「なぜ、答がわかっているのに、質問するのか」と、口をはさんだ。

私は「原爆投下の決定に参画した人に会ったことがないので、確かめてみたかった」と答えた。

マクロイが「もちろん、あなたは答を知っているだろう。もし日本があの時に原爆を持っていたとしたら、日本に対して使用することはありえなかった」と、いった。

「安らかに眠って下さい　過ちは繰り返しませぬから」という言葉は、核兵器を持たないために、再び悲惨な核攻撃を招くような過ちは繰り返さないという誓いとして、読まねばなるまい。

日本は中国とロシアと北朝鮮という、三つの核武装国と向き合っている。日本が将来、もし、アメリカの〝核の傘〟を失うことがあったとしたら、日本に対して核威嚇を行なうか、核攻撃を加えてくる可能性があろう。

まやかしの「平和主義国家」

一九七七（昭和五十二）年三月に、私はワシントンのナショナル空港に遅い時間に到着した。

空港には日本大使館から若い書記官が、迎えに出ていた。その時に、東京から私宛に大使館気付で届いたといって、かなり厚い封書を手渡された。差出し人は、福田恆存《ふくだつねあり》と記されていた。

ホテルの部屋に着いてから、すぐに開封すると、二〇〇字詰めの原稿用紙で一〇枚以上にわたって綴《つづ》ったもので、私が福田赳夫《たけお》総理大臣の顧問としてワシントンを訪れることを労《ねぎら》ったうえで、「敗戦の桎梏《しっこく》」から祖国を解き放つために頑張るように、激励してくれたものだった。

現行の日米安保条約が日本をアメリカの被保護国としているから、対等な共同防衛条約に改める糸口を摑《つか》むようにしてほしいとか、憲法改正についてアメリカの要路の人々の共感をとりつけるように努めてほしいという、要望が述べられていた。

あれから、三五年たった。日米安保条約も、憲法も、日本がアメリカの被保護国であるという状況も変わっていない。

戦後の日本の平和主義は、日本が国家であることをやめ、外国の被保護国として安逸な環境に馴《な》れるうちに、国民のあいだに定着したものである。

国民の多くが日本が「平和主義国家」であることを誇ってきたが、他人委《まか》せの贅沢《ぜいたく》を見せびらかして、自慢するのと同じように浅はかなことだ。他人委せの平和を誇ることはできない。日本国民には、平和を愛していると言える資格はない。

戦後、アメリカの絶対的な軍事保護が、日本人から国家意識を失わせるのに当たって、決定的な力を持った。日本はどの独立国であっても持っている建国の精神を、忘れてしまった。

今日の日本の類例がない平和主義が、前大戦における惨憺《さんたん》たる敗戦の反動として生まれたというのは、まったく事実に反している。将来、もし、アメリカが日本を守ることがなくなったら、今日、平和主義を信奉している日本国民までが、防衛体制を強化する道を選ぶこととなろう。戦後の日本の平和主義は、御都合主義であり、まやかしでしかない。

国家の独立を自助努力によって守るのは、どのような国家にとっても、国家として存立を確保するに当たって求められる。日本にいまだに国旗国歌があり、国家であることを嫌い、自衛隊を疎《おろそ》かにする人々がいるが、日本が国家であってはならないと考えているから、反対しているのだ。

日本が国家であることを否定することによって、国家を形成する責任から解放されたから、放縦《ほうじゅう》に暮らせる特許状を手に入れたようなものだった。

先の戦争について、日本国民のあいだに日本が絶対的な悪であったのであり、戦勝諸国が絶対的な善であったという東京裁判史観を安易に受け入れて、日本だけに咎《とが》を負わせることが、いまだに流行《はや》っている。日本が罪深く、危険きわまりない国であれば、国家としての責任を担う資格がないことになるから、都合がよかった。

日本国憲法が武力を行使することを禁じたために、日本から武人がいなくなって、庶民だけの社会になった。明治に入るまで、農工商を構成した庶民は、政治的な責任を負っていなかった。

無責任なコンセンサスに縛られた「日本国憲法」

日本では得体の知れないものが、権威をもって横行していることが多い。日本民族を特徴づけている和の力は、善用されればよいが、しばしば自らを傷つける両刃《もろは》の剣となる。

日本では本当は実態が乏しく、内容が不十分なものであるのに、そのものにあたかも大きな権威があるかのように、つくりあげてしまうことが多く見られる。たとえば憲法にしても、現実にまったくそぐわないのに、改めることができない。金縛りにあったような状況が、続いている。

憲法について、コンセンサスがあるのだ、といって、このコンセンサスは全員がよく考えた結果として、生まれたものではない。

どうして日本では人々が得体の知れないものに、寄りかかるのか。このようなことは、ほとんどの日本人が成熟した自己を持っていないことから起こる。

不十分で、中途半端な自我形成しか行なわれていないのだ。自我の中心が自分のなかにないので、自分を一人の人間として意識することがない。自分の大部分を集団に委ねていると、つねに集団のコンセンサスがどこにあるのか、気を配らなければならない。

そこで、全員でさぐりあうことになる。みんなでさぐりあううちに、実態のないような中心が生まれる。

これは無責任なものだ。ところが、全員がこの得体の知れない中心に、寄りかかることになる。どこにもないものであり、実態がなくても、コンセンサスであるから支配的な力を持つ。

コンセンサスは冒しがたい権威を備えて、独り歩きを始める。日本国憲法は、このような得体が知れないコンセンサスの代表的なものだ。

敗戦までは、新聞がこのような得体の知れないコンセンサスを、支えてきた。満州事変以降、新聞が軍国主義熱を、さかんに煽った。

ナチス・ドイツ礼讃は、ひどいものだった。朝日新聞は一九三二（昭和七）年に、ベルリン特派員の記事を載せている。

「“Deutschland eine nationale Regierung order uns tot!”（ドイツ国に一つの国民政府を、然らずんば我等に死を！）――一時解散を命ぜられていたはずのかつ色シャツ制服の『暴風団』は密集長蛇の行列を立てて指揮官の音頭に雷の様な標語を唱和する――。“Deutschland erwache! Juda verreeke!”（ドイツ国、さめよ！　ユダよ、くたばれ！）一九二八年九月には御大《おんたい》のヒトラーがベルリンの『スポーツパラスト』に姿を現し未曾有の大集会を催して狂欣《きん》しをえつする人民に叫びかける――。“Heil Hitler!”（ヒトラー万歳！）――」（朝日新聞昭和七年十月二日、『ナチスは叫ぶ』）

戦前は「無敵日本」とか、「神州不滅」といったスローガンによって代表されたコンセンサスが形成されて、国民の思考を呪縛《じゆばく》したために、現実に即した議論を行なうことができなかった。日本は知的な逞《たくま》しさがない国となってしまった。今日の日本はかつての軍国主義が、まやかしの平和主義によって擦《す》り替えられただけで、同じように無責任なコンセンサスによって、自らを縛っている。

いったい、戦後の日本はどこで誤ってしまったのだろうか。

小室直樹《こむろなおき》氏の吉田茂《よしだしげる》に対する辛辣な評価

一九八〇(昭和五十五)年六月に、小室直樹《こむろなおき》氏から便りを貰った。そのなかに、「吉田《よしだ》茂《しげる》という人は、本当の意味での一流の政治家ではなかったという洞察は、現代日本の禍根《かこん》を摘出して余すことがないと思います」と、したためられていた。

私が近刊本のなかで、吉田首相はサンフランシスコ講和条約に調印して帰国してから、すぐに国民に日本国憲法の是非を問うて、政治生命を賭《か》けて改憲に取り組むべきだったが、そうしなかったのは、「一流の政治家に値しない」と論じたのに、触れたものだった。

もし、吉田茂に歴史への洞察力があったとしたら、日本が独立を回復してから、憲法改正を試みるべきだった。そうしなかったために、経済を至上として、アメリカに防衛を依存するようになった。日本国民の意識のなかで、占領時代と、独立を回復した後とのあいだに、明確な線を引くのが難しいのは、このためである。

どのような国家にとっても、国家を国家たらしめている精神の中核に、国民の国を守る決意がある。吉田氏は一時の便法として、そうしたのかもしれないが、国家の安全を確保するうえで対米依存を定着させた。大切な時期に、ボタンを掛けちがえた。

あの歴史が白熱した時に、あのような人を首相としていたのは、日本にとって不幸なことだった。吉田政治は小室氏の言葉を借りれば、「現代日本の禍根」をつくりだした。国の指導者たる者は、五〇年、一〇〇年先を見通す力を持っていなければならない。

私は一九五七（昭和三十二）年に、晩年のマッカーサー元帥をニューヨークのマンハッタンのウォードルフ・アストリア・ホテルにあるペントハウスの邸宅に訪ねたことがあった。後にこの時のことを『文藝春秋』誌（一九六七（昭和四十二）年三月号）に寄稿したが、マッカーサー元帥は私にタバコをすすめ、震える手でマッチを擦って、火をつけてくれた。

マッカーサーは、かなり耄碌《もうろく》していた。それでも、「日本は軍備を拡張し、自由アジアの一大軍事勢力として極東の安全に寄与しなければならない」と、語調を強めて説いた。

もし、吉田首相が講和条約締結前に、ダレス特使から日本が強い軍事力を備えることを求めたのを拒まずに、警察予備隊を国軍に改編することを決意していたら、アメリカから反撥《はんぱつ》を招くことなく、憲法を改正することができたはずである。独立を回復した直後は、朝日新聞でさえ、社説で憲法改正を是認していた。

このごろ日本語のなかに、「イベント」という言葉がすっかり定着するようになった。

私も広告代理店に世話になることがあるから、悪く言うべきではないが、宣伝関係を生《なり》業《わい》としている人々は、ことさらに「イベント」がお好きである。

新聞やテレビや、一般の人々もイベントを好んでいるようだが、地方に招かれると、地元の宣伝をするために、何かよいイベントのアイディアがないかといって、意見を求められることがある。もちろん、イベントのなかにはよいものもあるが、イベントと呼ばれるほとんどの行事は、名を売るためとか、金を儲《もう》けるために仕掛けられた罠のようなものだ。

人々が退屈しているせいか、イベントという罠にはまっていく。三年前の総選挙で民主党が、マスコミとともに「政権交替」を叫んで圧勝したのも、イベントのようなものだった。

イベントが花盛りだというのに、イベントに駆けつける人々のなかに event という言葉を、英語で正しく綴れる人が、どれだけいるものだろうか。英語でイベントといえば、大きなできごと、試合といった意味があるが、得体の知れない催し物のことはいわない。後者はイベントではなくて、「見世物」を意味するショー（show）と呼ばれる。

皇太子の結婚式、国王の戴冠《たいかん》式は、英語でいうイベントであって、能動的にイベントを盛り上げようとする努力が払われるが、皇太子が適齢期に達したとか、先代の王が死んだといった必然性がある。英語のイベントは、起こるべくして起こった出来事であって、記念するためにアーチをつくったり、シャンペンを抜いたりするものだ。

本来のイベントには、天から与えられたきっかけがある。半分を天がつくり、半分を人間がつくるものなのだろう。ところが、このごろ日本でさかんにいわれるイベントは、きっかけまで人がつくってしまう。だから、うつろで、騒々しいものになる。

人々が退屈しているから、得体の知れないものに乗せられてしまう。好奇心を満たすために、無意味なものによって追っかけられることになる。しかし、退屈しのぎに仕組まれたイベントを追っかけても、退屈は癒されない。

商業的なイベントから、政治的なイベントまで、うさん臭いものが多すぎる。

福沢諭吉《ふくざわゆきち》の戒告

個性と自立心は一つのものだ。日本人から個性が失われたのは、国家の安全と独立をアメリカに委ねて、国家としての自立すべきことを忘れてしまったからである。人々が人生の真実から遠く離れたところで生きているので、国際政治という恐ろしい顔を直視することができない。国際政治はどのような時にも、あるいは外国がいつまでも守ってくれるほど、甘いものではない。

かつて福沢諭吉《ふくざわゆきち》が「一身の独立なくして、一国の独立なし」と戒めたが、その逆もいえるはずである。諭吉は「独立自尊」という言葉ものこしているが、自らを尊ぶことがなければ、人も国家も独立することができない。自らを尊べば、人も国家もおのずから独立する。自尊心を欠いた人があってはならないように、国家が自らを卑《いや》しめてはならない。自尊心を欠いた人も、国家も卑しい。

戦後の日本は、独立国家となることを恐れ、宝である歴史を、アメリカや、中国や、韓国によって盗まれて、歴史を失った国となった。風が吹けば、すぐに飛ぶ根なし草である。歴史は、一国の魂である。

日本は誇るべき歴史を持っている。日本は前世紀後半に、国際社会に仲間入りすることを強いられた時から、いくつかの夢を見てきた。一つは独立を全《まっと》うしたうえで、世界の一流国になりたいというものだった。

そのころ、世界の大半を占めるアジア・アフリカ諸民族が西洋の侵略を蒙って独立を失い、数百年にわたって植民地支配のもとで、辱《はずかし》められていた。

もう一つの日本の夢が、人種平等の世界を創ることだった。

第二次大戦が終わるまで、人間の価値は皮膚の色によって決められていた。

私たちの先人が、どれほど人種平等の世界の到来を強く求め、アジア・アフリカ諸民族がどれほど白人の支配から脱して、独立することを渇望したことだろうか。

日本が日露戦争に勝ったことによって、有色人種がはじめて白人の大帝国を、打ち負かした。西洋の支配のもとにあったアジア・アフリカの諸民族が、闇のなかで光を見た。

日本の勝利に促されて、アジアの各地で独立闘争ののろしがあがった。

日本は連合国が第一次大戦を処理したパリ講和条約（通称、ベルサイユ講和条約）会議をはじめとする国際会議の場で、「人種平等の原則」を訴え続けたが、植民地を持つアメリカや、ヨーロッパ諸国によって、拒まれた。アメリカは一九六〇年代まで、国内で黒人を法的に差別していた。

もし、日本が日露戦争に勝つことなく、日本が先の大戦を戦うことがなかったとすれば、今日でもアジア・アフリカ諸民族が、西洋の植民地支配のもとにあっただろう。

今日、当然のことになっている人種平等の世界は、日本の力によってもたらされたものである。

先の大戦は日本が切羽詰《せっぱ》まって自衛のために立ち上がった戦争だったが、多くの日本の青年がアジアの解放という夢のために、生命を捧げた。

日本によって、世界のありかたが一変した。それだけに西洋諸国による報復も、すさまじいものだった。戦争に勝った連合国は、日本の輝かしい歴史を抹殺することを、はかった。

インドとインドネシアの独立に果たした日本の役割

イギリスの著名な歴史家であるエリック・ホブズボーム教授が、二十世紀を振り返った著書『20世紀の歴史　極端な時代』のなかで、インドの独立がガンジー、ネルーによる独立運動ではなく、日本軍とインド国民軍が共同してインドへ侵攻した、インパール作戦によってもたらされたと、述べている。

私は一九九七（平成九）年八月に、ニューデリーで催されたインド独立五十周年記念式典に、参加した。

多くの催事が行なわれた。ラビ・レイ元下院議長が「日本が日露戦争に勝ったことによって、インド国民が勇気づけられて、独立運動に立ち上がった」と挨拶した。独立運動の闘士で、インド法曹界の重鎮であるレイキ博士がインパール作戦に触れて、「太陽が空を輝かし、月光が大地をうるおし、満天に星が瞬《またた》くかぎり、インド国民は日本国民への恩義を忘れない」と、訴えた。

私はインドネシアを、しばしば訪れた。

ジャカルタでは先の大戦中に、日本の軍政下で、インドネシアの独立後に国軍となる祖国防衛義勇軍（PETA《ペタ》）を創設して、訓練したが、老いたPETA出身者たちが夫人を連れて、ホテルをたずねてくれた。そのたびに、全員が歌詞カードを手にして、『愛国の花』『歩兵の本領』『暁に祈る』などの日本軍教官から軍歌演習の時間に教わった、日本の軍歌や、愛国歌を、日本語で合唱した。

インドネシアは日本が降伏した二日後に独立を宣言したが、オランダ軍がイギリス軍とともに、インドネシアをもう一度、オランダの支配のもとに置くために来攻すると、PETAが中心となって迎え撃ち、以後四年にわたって凄惨《せいさん》な独立戦争が戦われた。

日本国民のなかに、先の戦争は民主主義のアメリカと、ファシズムの日本が戦ったと、誤って信じている者が少なくない。しかし、アメリカは民主主義国では、断じてなかった。国内で同じアメリカ人である黒人を法的に差別して、辱めていた。

日本が先の大戦中にアジアの諸民族を解放したために、その高波がアフリカ大陸をも洗って、アフリカ諸民族もつぎつぎと独立していった。

そのために、アメリカは国内で不当な黒人差別を続けることが、できなくなった。黒人が野球のメジャーリーグで、プレイできるようになったのは、戦後になってからのことである。

一九六〇年代に、マーチン・ルーサー・キング師に率いられて、黒人が差別撤廃を求めて立ち上がり、公民権運動が繰りひろげられた。この闘争のなかで、黒人が白人と対等な権利を獲得していった。

それまでは、白人と黒人が性交渉を持つことや、結婚することが犯罪とされていた。一九六七年に最後の三つの州で、白人と黒人のあいだの性交渉と、結婚が許されるようになった。

私が一九五〇年代後半にアメリカに留学していた時に、黒人がテニスや、ゴルフをすることは、まったく考えることができなかった。

今日、ゴルフでタイガー・ウッズが、テニスでウィリアムズ姉妹が活躍し、黒人の大統領まで登場したのは、日本の功績である。

日本が先の大戦で大きな犠牲を払って、幕末から夢見てきた人種平等の理想の世界を、招き寄せたのだった。

第二部　ペリー襲来から真珠湾への道

ヘンリー・S・ストークス
（訳／藤田裕行）

第1章　一〇〇年にわたるアメリカの野望

アメリカが隠蔽してきた史実

私にネーサン・クラークという従兄がいる。二〇一一（平成二十三）年五月に、九十六歳で他界した。

従兄はアメリカと、イギリスの国籍を持っていた。一九四一（昭和十六）年初頭から、インドに展開していたイギリス軍部隊に所属していた。階級は大尉だった。

従兄はその年なかばに、ビルマ（現ミャンマー）のラングーン飛行場に降りて、わが目を疑った。

多数のアメリカ軍戦闘機と爆撃機が、翼を連ねているのを、目《ま》の当たりにしたのだった。

胴にはっきりと、アメリカの星のマークが塗られていた。それまで、ビルマにこれほど多くのアメリカの軍用機が、翼を休めていたことはなかった。

日本が真珠湾攻撃をする、六カ月前のことだった。従兄はこの光景を見て、アメリカが日本に対して、戦争を仕掛ける準備をしていることを、直感した。衝撃を受けた。

職業軍人だったから、その意味を即座に理解できた。目にしたものは、戦争が始まろうとしていた以外の何も、意味しなかった。

従兄はアメリカのルーズベルト大統領が、アメリカ国民を欺いていたことに、義憤に駆られた。

従兄がこの話をしてくれた時に、私は二十代なかばだった。私は息を呑《の》んだ。ビルマは、イギリスの植民地だった。

当時、私にはなぜ従兄が義憤に駆られたのか、わからなかった。

私は日本に在住して、四〇年になった。いま、私はネーサンが語ってくれたことを、理解できるようになった。

従兄はアメリカが隠蔽してきた史実を、話してくれたのだった。私に七一年前の十二月八日（日本時間）に、太平洋を舞台にして始まった戦争が、その前から準備されて、今日の世界へ導いたという問いかけを、投げかけたのだった。

私は戦争が始まった時は、まだ幼かった。パールハーバーの時に、三歳だった。

私の学生時代には、地球儀の大部分が誇らしげに、ピンク色に塗られていた。私の世代はそのような地図によって、教育された。

地図のピンク色の部分は、大英帝国だった。アフリカのほぼ全土が、ピンク色だった。日本を除くアジアの大部分が、そうだった。

第二次大戦の結果、何が起こったのか？　地球上のほとんどのピンク色が、一九五〇年代初頭までに消滅してしまった。まったく新しい世界が、誕生した。

インドは一九四七（昭和二十二）年に、独立を果たした。大部分がピンク色だった地球が、急速に、さまざまな色に変わっていった。

私は先の大戦によって、大きな犠牲を払った日本国民は、生《い》け贄《にえ》となった同胞を慰めることができると思う。

人類がいまわしい植民地を捨て去って、人種平等の新しい世界を呼び寄せることができたのは、ひとえに、日本国民が血を流したためだった。

そもそも、アメリカはどうして対日戦争を始めたのだろうか。

アメリカはどのようにして、日本を貪《むさぼ》り散らかしたのか？

この質問に答えるためには、ペリー提督の黒船来航にまで、遡《さかのぼ》らなければならない。

三島由紀夫《みしまゆきお》と「黒船」

私は三島由紀夫《みしまゆきお》と、もっとも親しかった外国人ジャーナリストとして、知られている。

日本で盛名を馳せていた三島由紀夫と、どうして付き合うことになったか。私が当時、

『ザ・タイムズ』東京支局長で、三島を記事にして、それが三島の目にとまったのが、きっかけだった。東京特派員のなかで、三島を追っていた者がいなかったことが、功を奏したのだろう。

朝日新聞をはじめとする日本のメディアは、ひどい偏食症を病んでいて、「右翼」で「軍隊」まがいの「楯《たて》の会」を組織した、三島の行動を無視することに決め込んで、いっさい取り上げなかった。しかし、三島の死後に、朝日新聞も、NHKも、三島の「楯の会」を大きく取り上げたから、十分にニュースバリューがあったのだろう。

私の愛妻は、三島の私に対する友情に、懐疑的だった。

「あなたたちは友人じゃないわ。三島さんはあなたを利用しているだけよ」と、断じた。それでも、私は三島と一、二カ月に一回くらいの頻度で、会った。

一九六九（昭和四十四）年、三島が市《いち》ケ《や》谷で自決した一年前の夏の夜に、私は下田《しもだ》で晩《ばん》餐《さん》に招かれた。三島はよく下田で家族とともに、夏のひとときを過ごしていた。私は三島と、家族的な交流もあった。

その夜、三島は海を見下ろす小さな、ややみすぼらしい地元の食堂を、予約していた。メニューは新鮮な伊勢海老《ロブスター》だった。二人でよく冷えたビールと日本酒で、海の幸を堪能した。

食事を終えて、タクシーで帰ろうとすると、三島が追いかけてきた。「ホテルまで送ろうか？」と、言った。私は「お願いします」と、応じた。

三島が「どこに泊まっているんだい？ 運転手に、何と言ったらいいかな？」と、たずねた。私は「黒船《クロブネ》」と、ハッキリと発音して、答えた。

すると、三島は声を低めて「そんなところに、泊まっているのか！」と、吐き捨てるように言った。「どうして、そんなところに泊まるんだ！」と、もう一度繰り返した。三島はあきらかに、苛立《いらだ》っていた。

私は不快に思っているんだと気付いて、「ただ、あなたをからかいたかっただけだ」と応じて、笑った。

私はこの二年あまり、ペリーについて調査をしてきた。英語でペリーに関する共著を加瀬英明氏と、ニューヨークの著名な出版社から出版することになっている。

そのこともあって、あの夜の三島とのやりとりを、はっきりと思い出した。

けばけばしい色のタクシー、夜の灯、食堂の外に吊された提灯、規則正しい波の音、「黒船旅館」の陰気な外装（現在は「黒船《くろふね》ホテル」となり、全室より海を眺めるリゾート旅館)、三島と黒船来航について話したかったという思い、日本の分かれ道で、交通整理員のように振る舞っていた三島の姿。

いったい、三島が忌み嫌い、蔑《さげす》んでいた黒船とは、何だったのか。

三島はアメリカに敵愾心《てきがいしん》を、少しもいだいていなかった。まったく、ほど遠いものだった。

三島の主要な作品の訳本が、アメリカで刊行されていたし、新婚旅行へ向かったのが、アメリカだった。三島が反発したのは、アメリカにではなく、黒船であり、アメリカのすべてではなかった。

私には当時、三島の思いがわからなかった。そこまで日本について、知識を持ち合わせていなかった。

ペリーという〝海賊〟が犯した罪業

三島が忌み嫌った黒船は、いったい何だったのか?

一言でいうと、あの徒党はアメリカ海軍の制服に身を包んでいたものの、海賊集団だった。

その一党を率いたのが、ニューヨーク出身で、頑丈な体をした、マシュー・ペリー提督だった。

星条旗をはためかしていたが、現実は黒い海賊旗《ザ・スカル・アンド・ボーンズ》を掲げていた。

ペリーは大胆不敵だった。搭載した武器は強力だった。最先端をいく炸裂弾砲を並べ、いつでも使用する用意があるといって、平和な日本を威嚇《いかく》した。

ペリーは四〇年にわたる航海体験によって老けて見えたが、日本来航時は五十九歳で、いかめしい顔をしていた。全艦隊が、この「クマ《ブルイン》」というあだ名がつけられた男の、指揮下にあった。

木造船だったこの船が、日本人から「黒船」と呼ばれたのは、船体が黒かったからだ。船体が腐らないように、タールが塗られていた。

日本の沿海には、それ以前から、数百隻にのぼるアメリカの捕鯨船が跳梁《ちようりよう》していた。今日だったら、密漁だ。タールを塗っていたから、日本人に黒船として知られていた。

一八五二（嘉永五）年の秋に、「ブルイン」に任務が飛び込んできた。

それは、日本と呼ばれるまったくの処女地を、侵すことだった。

それまで、江戸湾を侵した外国船は、一隻もなかった。

ペリーはアジア最後の処女地を踏み荒らそうとしたことによって、西洋で比肩する者のない挑戦者となった。

一八五三（嘉永六）年七月の蒸し暑い午後のことだった。「ブルイン」は四隻の艦隊を率いて、浦賀《うらが》水道まで到達した。

後になってわかったことだが、この瞬間がアジアにおいて、決定的な時のひとつとなったと、断じることができる。

台風のために二回にわたって失敗した蒙古襲来をわきに置けば、日本はそれまで侵略を蒙ったことがなかった。

「ブルイン」が投錨すると、日本当局が国法に従って、長崎に廻航してほしいと嘆願したが、彼はそれを無視して、新鋭砲を誇示して、強引かつ違法に居座った。

ペリーは、当時の世界最大の都市で、建物がすべて木製だった江戸に、未曾有《みぞう》の脅威を与えた。

一発の炸裂弾が命中すれば、江戸は大火に見舞われて、壊滅する。黒船が江戸湾に停泊していた一刻一刻が、江戸に君臨していた「征夷」大将軍の権威を損ねた。

それに、江戸時代の日本には、牛車がすれ違えるような、幅広い幹線道路がなかった。

市民の食糧をすべて海路に、依存していた。もし、アメリカ艦隊が居座ったら、江戸市民が餓《う》えることになった。

「ブルイン」はまるで、そこが自分の領地であるかのように、傍若無人に侵入したが、神の使命を果たしていると考えていた。その一方で、日本の神を蛮神として、そこにまったく敬意を払うことがなかった。

ペリーはこのように、人口二〇〇〇万人を数える、優れた文化を持っていた国を、凌《りよう》辱《じよく》した。

ペリーは日本に不幸な火種を植えつけ、西洋に対して長年にわたって燻《くすぶ》り続けた敵愾心を、いだかせた。この火種が一世紀近く後に、劫火《ごうか》となって燃えあがった。日本による真珠湾と、イギリス領だった香港への攻撃である。

日本が誇り高い伝統を深く傷つけられ、真珠湾に始まった反撃を西洋に加えたことについて、日本を責めることはできない。

アメリカがたった四隻だったが、圧倒的な力を用いて日本を辱《はずかし》めなかったとすれば、山本五十六大将が率いる連合艦隊が、真珠湾に決死の攻撃を加えることはなかった。

ペリーが国際法に照らして、日本に対して海賊行為を働いたのにもかかわらず、アメリカは今日に至るまで、謝罪していない。

西洋ではペリーという海賊の業績を、称賛してやまない。この差異は、驚きに値する。日本は鎖国を行なってきたために、欧米の科学に疎《うと》かった。だが、ペリーが日本に土産として新しい技術を伝えたことによって、中国に一〇〇年先行して、殖産興業に勤《いそ》しんで、アジアで最初の西洋に匹敵する工業国家となったことは、事実である。

ペリーは日本に対して粗暴に振る舞ったが、炯眼《けいがん》の士だった。日本が産業と技術において、アジアにさきがけて発展する力を秘めていることを、見抜いていた。

もし、ペリーが来航した時に、日本を対等に扱い、アメリカがその後、日本に対して正しく振る舞ったとすれば、日本は現在のようなアメリカの保護領ではなく、アジアで完全に独立した大国となれたはずだった。

西洋の観点からは、ペリーは今日まで、称えられている。ペリーと黒船に乗ったアメリカの将校たちは、日本人と親しくなり、与えられた使命を見事に果たしたことになっている。

現地人（日本人）のために士官室でワインと御馳走を並べ、羽目を外したパーティを開き、客人たちが上機嫌となるかたわら、ホストが訪問者に贈物を山と渡した。ペリーは外交官を完全に演じることによって、日米関係を深めたことになっている。

だが、ペリーはそのような賞讃に値する人物では、けっしてなかった。

では、ペリーは極東への遠征によって、何を果たそうとしていたのだろうか？

何がペリーを大航海に駆り立てたのか

ペリーは黒船を率いて、一八五三（嘉永六）年から翌年にかけて、中国、現在では沖縄と呼ばれる琉球諸島、小笠原諸島を回って、日本に到達した。

いったい、何が、ペリーをこの大航海へ駆り立てたのだろうか？

星条旗を掲げ、当時の世界の最強の外輪船の艦隊を率いて、世界を一周して、極東に達することは、壮大なプロジェクトだった。

ペリーの上にいたワシントンの海軍省や、ホワイトハウスにとって、何がそれほどまでに重要だったのか？

これほど大がかりなプロジェクトを正当化する、相応な目的があってしかるべきである。もちろん、そこには目的があった。

ペリーが座乗した旗艦が、江戸湾に投錨すると、軍鼓が打ち鳴らされ、トランペットのファンファーレが鳴り響き、二一発の祝砲が放たれた。目的は、一通の書簡を届けることだった。

ミラード・フィルモア・アメリカ合衆国大統領の親書である。フィルモアは弁護士出身で、一八四八（嘉永元）年の大統領選挙で副大統領として当選し、一八五〇年、テーラー大統領の死去にともない、大統領に就任した。親書は都である京都に隠棲していた、日本の天皇に宛てたものだった。

親書はごく親しい表現を用いて、両国の親善を演出しようとしていた。この書簡は、「ディア・グッド・フレンド（親愛なる良き友へ）」という、偽善に満ちた呼びかけで、始まっていた。

この親書は、美しい樟脳《しょうのう》の箱に収められて、旗艦『ミシシッピ』の艦長室に置かれた金庫のなかに、保管された。

この戦艦はアメリカ海軍の保有艦のなかで、もっとも威力ある船の一隻だったが、一八五二（嘉永五）年十一月二十六日に、ヴァージニア州ノーフォークから極東へ向けて出港した。親書は、ペリーから天皇へ直接手渡すように、託された。

こうして、〝世紀の郵便配達人《ポストマン》〟となったマシュー・ペリーが誕生した。

ペリーは十五歳でアメリカ海軍に少尉候補生として入隊し、長い年月を軍務に服したが、この任務は最高の栄誉だった。ペリー自身、この任務に満足した。

ペリーはこの任務が政治的にきわめて重要なものであることを、認識していた。書簡には美しい絹のリボンが厳《おごそ》かに結ばれ、太平洋を隔てた二つの国を直接接触させて、意思の疎通を成し遂げることを意図していた、とされた。

しかし、一通の郵便を届けるために四隻もの軍艦が必要だろうか。これまで、さまざまな説明がなされてきた。

そのひとつとして、捕鯨産業がある。鯨油は夜の暗がりを照らすランプ油として、アメリカで需要が増大し、西洋で引っぱりだこだった。太平洋の北西に、鯨が群棲《ぐんせい》していた。捕鯨産業は最盛期にあった。

一八五一(嘉永四)年にハーマン・メルヴィルによる、血が涌《わ》くような捕鯨小説が、出版された。主人公は、白鯨のモビー・ディックである。そのなかに、ペリーが登場する。

「(ペリーが携えたフィルモア大統領からの親書は)難破して、日本沿岸に打ち上げられたアメリカの船員に、まともな扱いをしてくれるように要求するものだった」

全長が一〇〇メートルもある黒船は、けっして安価ではない。一〇〇〇人もの乗組員を乗せて世界一周させるコストも、安いものではない。

当時は、パナマ運河がなかった。軍艦を日本まで到達させるには、一〇〇日間が必要だった。この労力と支出が、一握りの捕鯨船員のためだという説明を、誰が信じようか。

「神の意志」によって正当化された侵略行為

目的として考えられる二つ目は、東洋への侵略を裏書きする根元的なものだ。つまり、神によって祝福された使命を、果たそうとしたというものだ。

これは、当たっている。蛮地を教化することは、経済的な欲望を満たすことと一致していた。交易は、十九世紀の神だった。

アメリカ合衆国を築いた清教徒たちは、「神から与えられた明白な使命《マニフェスト・デスティニー》」によって、西へ西へと領土を拡大することを、神の御旨を実現することだと信じた。交易は神の意志だった。

アメリカはこのような動機に駆られて、通商の世界に躍《おど》り出た。アメリカ合衆国は領土を休むことなく拡げ、太平洋に面したサンディエゴ、サンフランシスコ、シアトル、ポートランドなどの新しい港を、つぎつぎと獲得していった。

侵略に次ぐ侵略によったこのような膨張が、短時間のうちに成し遂げられた。太平洋の主要な海洋国家として、アメリカ合衆国は揺籃《ようらん》期にあった。飽くなき欲望に駆られて、交易を求めた結果だった。

世界帝国を建設しつつ、アジアへの道を開いたのは、イギリスだった。

イギリスの商社は、イギリス王室海軍《ロイヤル・ネイビー》によって掩護《えんご》されながら、交易を信仰として、他に先駆けて勢力圏を拡大していった。

このことは、建国が一段落したアメリカによって、羨むべき手本として、受け入れられた。

アメリカは、もともとイギリスから大西洋を渡った清教徒によって、自分勝手に「約束された地」と呼んだ北アメリカ大陸を侵略して、築かれた国である。したがって領域を拡げるのに当たって、天賦《てんぷ》の権利を有していると、信じた。

この考えは、国務長官を二回務め、アメリカ政界でも傑出した雄弁家として知られたダニエル・ウェブスターによって、説かれた。ペリーによる黒船の冒険の支援者だった。

しかし、アメリカ議会の大多数の議員は、ウェブスターほど熱心ではなかった。フィルモア大統領の黒船プロジェクトに対する議員の反対は、厳しかった。

　このころ、アメリカは内向きで、外向きになっていなかった。遠くアメリカ海軍の軍艦を派遣しようという考えは、強い支持を得られなかった。どうして、軍艦を送らねばならないのか。国内だけで、多くの問題をかかえていた。

　新たに領土として獲得した州を消化するだけでも、たいへんだった。一八四八（嘉永元）年にカリフォルニアで発見された砂金によって、ゴールド・ラッシュが起こった。

　イギリスは中国大陸のほとんどを、手に入れつつあった。大英帝国の版図に、永遠に陽が沈むことがあってはならないと、考えられた。

　当時のアメリカにとって、イギリスは後追いする模範ではなかった。ワシントンで、ペリーと黒船の使命に、高い優先順位が、与えられていたわけではなかった。

日本に埋蔵されていた「黒いダイヤモンド」

　来航の目的、第三の説は、黒船は石炭を求めていた、というものだ。

　この考えは、ウェブスターの頭から溢れだした。ウェブスターは今日でもアメリカ人が外交と政治について、叡智《えいち》の拠《よ》り処《どころ》とする人物である。もっとも、ウェブスターは一八五二（嘉永五）年十月に死去し、黒船が日本を目指して出発するのに立ち合えなかった。

本格的な蒸気船が建造されるようになるのは、一八二〇年代初頭に遡る。蒸気機関を動力とする戦闘艦は、一八六二（文久二）年に始まったアメリカ南北戦争まで、海戦に登場しなかった。ペリーも含むひと握りの先駆者が四〇年にわたって奮闘し、蒸気船に対して懐疑的だったアメリカ国民を説得して、蒸気船時代の幕があがった。

その結果、帆船は、戦闘艦として過去のものとなった。まさに端境期《はざかい》だった。いずれ蒸気船時代になることは、わかっていた。だが、いつ移行させるか、大英帝国海軍も、フランス海軍も、選択を迷っていた。

議論を決定したのは、革新的な砲弾の出現だった。

フランスの会社が、シェルと呼ばれる炸裂弾を世に出した。それまでの砲弾と違い、人や物に命中した衝撃で炸裂した。シェル・ガンが、海戦を一変させた。

一八四六（弘化三）年に、アメリカが無辜《むこ》の共和国だったメキシコに、奇襲攻撃をかけた。この時に使われたのが、シェルだった。

ペリーは年季の入った、海の男となっていた。メキシコ沿岸を次々と攻撃して、荒らしまわった。

一八四六年から翌年にかけて、圧倒的な武力を用いて、弱いメキシコに勝ったことによって、アメリカの太平洋における野心が燃えあがった。

戦闘に不可欠なものがあった。それが、「黒いダイヤモンド」である石炭だった。石炭なしには、蒸気機関も、蒸気船も存立しなかった。蒸気船海軍はよいとしても、いったい石炭をどこで手に入れるのか。

答は、簡単だった。太平洋の周辺から取れ、ということになった。日本は石炭に富んでいた。もっとも、中国よりは少なかった。そのために、当時、太平洋を横断する船のほとんどが、中国を最終の到達点とみなしていた。

石炭の存在が、ウェブスターをして、神の摂理に応《こた》える男に変えた。

ウェブスターは信心深かったから、全能の神の御技《みわざ》に感動した。

神が九州の石炭をアメリカにお与えくださったと、信じた。神がアメリカのために、日本の九州に石炭を貯蔵しておいてくださったのだと、考えた。

その思いが、国務長官を行動に駆り立てた。ウェブスターは、こう記している。

「石炭は人類一家のために、万物の創造主から日本列島に置かれて、賦与された、主からの賜物《たまもの》である」

もっとも、人類一家といっても、異教徒はその家族に加わることができなかった。

神の存在は、つねにアメリカの行動の原動力として存在してきた。いまでも、アメリカ人の頭から創造主を、排除することはできない。

ペリーの野望が結実した横須賀《よこすか》米海軍基地

ペリーは何ごとについても、真剣だった。行動の人だった。

もう一度、問い質《ただ》したいのは、黒船と日本まで遠征する予算を正当化するために、ペリーは何をなそうとしていたのか。

世界を一周して日本に辿《たど》り着かせて、帰国するまでに、蒸気艦を駆っても、一年かかる。私ははたと、ひらめいた。

ペリー艦隊はアメリカの基地を、探していたのだ。黒船の艦隊は、今日、アメリカが所有するものを探して、渡ってきたのだ。つまり、横須賀《よこすか》である。

今日、この横須賀海軍基地《ネイビー・ベース》は、ほぼ、ペリーが黒船艦隊の錨を投げいれた場所(投錨地《アンカレッジ》)に位置し、アメリカ第七艦隊が母港としている。

第七艦隊のウェブサイトによれば、巨大原子力空母『ジョージ・ワシントン』をはじめ、およそ六〇隻から七〇隻のアメリカ艦艇と、二〇〇機から三〇〇機の先端をゆく軍用機を擁している。海兵隊員を含めて、およそ四万人のアメリカ将兵が搭乗している。基地では、多くの日本人が働いている。

黒船はおよそ一五〇年前に、その先鞭をつけたのだ。

ペリーがアメリカのために発見したのが、横須賀だった。基地を占奪しようというのが、ペリーの目的だったのだ。

ペリーは江戸湾に投錨した最初の夜に、流れ星が夜空に輝いたのを目視した。ペリーは叫んだ。

「全能の神のお示しだ！　古代人のうえに降りたのと同じものだ！」ペリーは神が共にあると、信じた。

ペリーは、日記にこう書いた。

「神がこの素晴らしい天地（日本）を、創造された。われらの試みが、これまで見離された人々（日本人）を（キリスト）文明へとお導きくださるように、祈ります。どうぞ事が成就しますように」

ペリーも白人キリスト教徒だけが文明世界の家族で、それ以外は孤児のような野蛮人だという、世界観に立脚していた。

たのだろうか。

世界一の文化都市だった江戸

二〇〇〇年以上の歴史を紡《つむ》いできた日本が、ペリーが神に祈ったような未開な蛮地だったのだろうか。

「江戸の街は、美そのものだった」

これはイギリスの使節オルコック（初代イギリス公使）の証言である。オルコックは日本では、馬の背に永遠に乗り続けても、なお「目を楽しませてくれる景色と、出会うことができる」と、記している。

彼だけではなかった。一〇〇万人強の市民が、喜びにみちた生活を営んでいた。

地球上で最大の首都だった江戸は、絵画などのヴィジュアルアーツの世界でも、舞台芸術でも、きわめて高い芸術性を有していた。町人は支配階級だった武士よりも裕福だったし、街は文化財に溢れていた。江戸だけでなく、犯罪は日本中で驚くほど少なく、治安がきわめてよかった。

江戸の庶民が、いかに豊かであったか。東海道がおびただしい数の旅人によって、利用された。この江戸と大阪を結んだ公道には、一〇〇〇軒を超える旅籠《はたご》があった。欧米のユースホステルのようだが、欧米でも一〇〇〇軒以上ものホステルが軒を並べている街道はない。

町人が同業組合《ギルド》を組織して、庶民こそが仕事をし、金を集め、江戸に繁栄をもたらした。町民が江戸を作り上げていた。彼らは、武士が金に困った時に、頼った相手だった。

審美眼の持ち主は、裕福な町人のブルジョアだった。二本差しの空威張りする武士は、質素な生活を重んじたが、絢爛《けんらん》たる文化を生むことには、貢献しなかった。広重《ひろしげ》、歌麿《うたまろ》、北斎《ほくさい》などの木版画は、その後、ヴィンセント・ヴァン・ゴッホに代表されるパリのポスト印象派のあいだで、高く称賛されて、猿真似され、ジャポニスムとして西洋に深奥な影響を及ぼした。今日だったら、意匠権の侵害として、訴訟になっていただろう。日本の絵画や舞台芸術は、武士階級が育てたのではなかった。

もちろん、武士も審美眼を備えていた。幽玄な能楽は武士のものだった。武士は歌人であり、書芸に秀でていた。だが、江戸文化の担い手は、庶民だった。このようなことは、西洋でも、中国でも、インドでも、考えられなかった。

ペリーは日本から戻った数年後に、ニューヨークで講演した。「日本はいつの日か、他国の追随を許さない産業国家として台頭しよう。彼らの手先は、あまりにも器用だ」と、述べた。

江戸が世界一の都市として繁栄した理由は、他にもあった。

教育だ。一六〇三（慶長八）年に江戸幕府が開かれ、江戸時代が幕をあけたが、幕政は治安さえ乱さないかぎり、庶民を自由に放任した。そして二五〇年以上も平和が続いたことが、重要な要因としてあった。

江戸時代の教育システムは、素晴らしいものだった。寺子屋だ。日本中に設立され、小学校として機能した。

日本が産業国家として、明治初頭にすみやかに離陸できたのは、庶民の教育水準がどの国よりも高かったからだった。アジアの他の国々が欧米と比肩するには、一〇〇年以上かかった。

男女児童に読み書きを教え、古典の知識を与え、徳育を施すうえで、寺子屋がいかに偉大な存在であったことか、驚嘆させられる。もちろん、学ぶ意欲を旺盛に持った生徒が大勢いたから、寺子屋が発展したのだった。

なぜ、日本にだけ学ぶ熱情があって、他のアジア地域になかったのか。このところ、中国や韓国においても、庶民のあいだに学ぶ熱情が見受けられる。これは、日本が手本を示したものだった。もっとも現在、日本ではそのようなハングリー精神が、失われている。

歌舞伎ほど、江戸の栄華について、江戸という時代を物語るものはない。この劇場芸術は、時代精神の現われそのものだった。歌舞伎というと、スケールがすべて壮大になる。ステージが大きい。ミラノのスカラ座よりも、歌舞伎の舞台のほうが大きい。

歌舞伎の舞台の左袖には、細長い道がある。花道と呼ばれて、主演役者が歩いてみせる。

江戸の日本は、豊かな心と財産を持った男たちによって、支配されていた。精巧で小さなスケールの人形劇である文楽も、そうだ。十七世紀にどこからともなく現われて、人気を博した。

貴族階級と、支配者である武士階級の劇場は、能だった。

庶民にとっては、歌舞伎だった。その豪華な衣装、三味線、即席演奏、歌舞伎と文楽のペアに並ぶものは、世界のどこにも存在しない。どちらも、庶民のものだった。

江戸によほどの富が、存在していたのであろう。

アメリカ人が持っていたひどい偏見

他方、アメリカでは江戸時代が邪悪な時代だったという意見が、根強かった。

サミュエル・モリソン提督も、そうだった。アメリカ海軍の著名な太平洋戦史家で、一五巻もの大著を上梓《じょうし》した。

モリソンには江戸時代の日本の後進性は、すべてを排除するべきものとして、映った。

「徳川家康将軍が一六〇三年に鎖国政策を実施した後に、社会の全てがそれまでとまったく同じままに、とり残された。

人々は昔からの手作りの衣服を着て、固定した階級のなかに、閉じこめられた。

二六〇人の大名は、藩の中でしたいことをしていた。従者によって運ばれる漆塗《うるしぬ》りの椅子駕籠《いすかご》で、旅行をした。駕籠の行く手を塞《ふさ》いだり、恭順の礼をしなかった民衆は、サムライによってその場で斬られるか、殺された。

世襲による戦士階級であるサムライは、藩主の食扶持で生きていたが、大多数が貧しかった。剣術を除けば、全てについて無教養だった。藩主と古い慣習と伝統に対してだけ、完全に忠実だった」（モリソン自伝）

何という偏見だろうか。このような態度は、どこに由来したのか？　確かに、武士はエリート階級だった(彼らは歌舞伎を観なかった)。だが、日本の人口の九〇パーセント以上が庶民で、彼らが日本の都市文化の担い手だったのだ。

近松門左衛門《ちかまつもんざえもん》の世話物、井原西鶴《いはらさいかく》の小説がその例だ。西洋では、演劇や小説の主人公はみな王侯貴族だったが、世話物の登場人物は庶民だった。江戸はその文化の深みにおいても、世界一だった。

本の需要は、厖大《ぼうだい》だった。ベストセラーが何冊も出て、一〇万部を超えることも珍しくなかった。

モリソンの指摘とまったく対照的に、当時の日本は平等社会だった。日本では昔からそうであったことは、安土桃山時代のイエズス会の記録から、判断できる。

フランシスコ・ザビエルは当時の日本について、「ここ日本では、女性や子供までもが読み書きができる」と驚いて、本部に報告している。

モリソンは、彼の「ヒーロー」であるペリーの目で、世界を見ていた。

今日の東京は四万六〇〇〇人の警察官によって守られている。江戸では七〇万人の町人に対して、武士の町方同心と呼ばれる警察官と、町人の岡っ引きを含めて、わずか六〇人しかいなかった。岡っ引きの下で、情報を集める下っ引きを加えても三〇〇人だった。それほど、治安がよかった。

人々の道徳性が、きわめて高かった。近隣の人々は、お互いに助け合うことを、誇りにした。

日本という獲物を虎視眈眈《たんたん》と狙う列強

ペリーのしたことは、日本の法律では、犯罪行為だった。日本はペリーの来寇を、できるだけ穏便に処理しようとした。日本はとうてい対抗できる軍事力を、持っていなかった。

黒船の『サスケハナ』と『ミシシッピ』は、合わせて二〇門のシェル・ガンを載せていた。

日本人は深く憤った。アメリカ人がアメリカを神の国だと思っていたように、日本も神州だった。

四隻の黒船のうちの二隻――『サスケハナ』と、ペリーの指揮下でメキシコ戦争を戦った『ミシシッピ』の八メートルもの高さがある黒い煙突が、船体に突きささっているようにみえた。黒船艦隊のこの二隻が黒煙を吐いて、滑るように浦賀水道から江戸湾に入った。速度は八ノットから九ノットだった。いかなる日本の船も、蒸気船に追い付くことができなかった。ペリーは江戸湾で、『サスケハナ』と『ミシシッピ』を、旗艦として交互に用いていた。

しかし、ペリーだけを犯罪者扱いするのは、公平を欠くだろう。当時、全世界で西洋の植民地支配が行なわれていた。

黒船艦隊の船員たちは、マラッカ海峡などを通る道すがら、その様子を目の当たりにした。

サー・スタンフォード・ラッフェルズが大英帝国の辺境の植民地の基軸として目をつけたシンガポールのウォーターフロントは、わずか一五年で活気に満ち溢れ、商業活動で沸きかえっていた。

キリスト教の「神の所有物《ゴッド・オウンズ》」と名づけられた小さな倉庫が、岸に沿ってひしめき、イギリス式の倶楽部《クラブ》やパブ、貿易会社が軒を連《つら》ね、蒸気船が停泊していた。

香港も、同じだった。ペリーの黒船艦隊は香港で、はじめてタスクフォースとして結成された。必要な準備が行なわれ、物資が積み込まれた。

香港の貿易ビジネスに携わる商人たちから、情報を収集した。日本では銅貨がすべての交易に使用されていると知って、ペリーは五トンの銅貨を買い込んだ。四隻の艦隊のうち、帆船二隻が、糧食や物資を運ぶ任務を担った。

黒船艦隊が次の停泊地である上海に到着すると、同じことが行なわれた。

上海は、香港や、シンガポールに比べると、大英帝国の支配力はやや弱かった。ヨーロッパ各国のバックグラウンドを持つ貿易会社が軒を連ねて、競争していた。港には、大英帝国や、フランスや、ドイツをはじめとする国の軍艦が、それぞれの国旗をひるがえしていた。

アジアは植民地支配の新たな獲物として、燃えあがっていた。

西洋人にとってアジアには、中国にも、インドにも、インドネシアにも、国境線がまったく存在しなかった。原住民は、人として扱われなかった。

ヨーロッパ各国にとって、早い者勝ちの状況だった。ルールは、弱肉強食だった。良心の呵責《かしゃく》はなかった。白人優位の世界観が確立していたから、アジア・アフリカを侵略するのは、白人の特権だと信じられた。

そのような獲物の世界に、いまだ姿を見せていなかったのが、日本だった。

日本は誇り高い、棘《とげ》がある地だと見られていた。だが日本は、誇りがなく利己的な中国人や、インド人と違っていた。日本人は旺盛な独立の精神を、いだいていた。

浦賀の丘の上から、黒船を眺めていた見物人が、「夜の帳《とばり》が降りると、寺の鐘《かね》が連打された」と、記している。

いったい、誰が寺の鐘を鳴らしたのか。誰かが篝火《かがりび》をたいたのか、火を灯し、さらに別人が火を灯し、それが次々と広がった。

西洋の植民主義者のあいだでは、遅かれ早かれ、ヨーロッパの大国のどこかが、日本を奪うだろうと、緊張感が高まっていた。

ペリーはロシアを主要なライバルとして、警戒していた。どの大国も日本が食われるために、そこにあると、感じていた。

「レイプ・オブ・江戸」

最近になって、ペリーとマッカーサー元帥を比較して、歴史上の位置づけをしようとする動きがある。

私は二年前に、妻から、精神分析家で思想家、現代史家である岸田秀《きしだしゅう》氏の論考を紹介された。私はペリーについて研究していたから、私と同じ視点で、黒船をとらえる岸田氏に共感した。

岸田氏は、ペリーに「レイプ・オブ・江戸」（江戸の凌辱）の罪があると、論じている。さらに、マッカーサーが追随して、日本をレイプしたともいう。

岸田氏は一九三七（昭和十二）年に、日本軍によって行なわれたと、第二次大戦の戦勝国が主張する南京大虐殺《レイプ・オブ・ナンジン》に呼応して、「レイプ・オブ・江戸」という表現を用いたのだった。

加瀬氏が会長を務める「南京事件の真実を検証する会」は、南京大虐殺事件はまったくの虚構で、戦勝国が東京裁判で自らの罪と相殺させる目的で捏造《ねつぞう》したとして、徹底的な検証を行なっている。英文でその研究成果が発表されており、「史実を世界に発信する会」のサイトで、閲覧できる。

たしかに、太平洋戦争の「戦争犯罪人」を裁いた極東国際軍事法廷――いわゆる東京裁判は、「勝者の正義」を宣伝するための茶番劇だった。

岸田氏は、「日本はレイプ（強姦）された。最初はペリー提督によって、後にマッカーサー元帥によって」と、主張する。アメリカ人には、さぞ不快なことだろう。

私は岸田秀氏の著書『日本がアメリカを赦《ゆる》す日』（毎日新聞社、二〇〇一年、後に文春文庫）を、親しい友人のドナルド・キーンに紹介した。キーンは太平洋戦争時のアメリカ日本語将校で、後にコロンビア大学教授となった。

二〇一二年日本に帰化したキーンは、「日米関係の歴史を、すべて書きなおす時がきているのだろうか。私はもう時効だといいたい。アメリカのアカデミアが不本意ながらも、同意することを、誰が期待できるだろうか。

私が日本とアメリカを行ったり来たりして過ごした五〇年ほどの間、このような声はまったくなく、現在にいたっている」と、断じた。

一般に認められているように、突然（しかも日本の法律を破って）ではあるが、日本はペリーのお蔭で、外の世界に向けて「開国」できた。もっともペリーでなかったとしても、どこかの国が、日本の門扉をこじ開けただろう。

イギリスは、アヘン戦争後、中国を裁断しつつあった。フランスはインドシナの大部分を獲得しても、なお物足りなく、さらに野望を燃やしていた。ドイツは出遅れたが、ハングリーだった。ロシアは樺太《サハリン》の一部を、略取していた。

白人諸国は、有色人種の諸国を食い散らかそうとする衝動を、まったく失うことなく、アジアで争奪戦を展開していた。

ペリーは即刻行動しなければ、アジアは他の白人国家によって、すべて植民地とされてしまうと、焦った。

アメリカは太平洋がアメリカのもので、アメリカの庭に永遠にある池ほどにしか、思っていなかった。あたかも、自国の領土であるかのように、日本に乱入することに臆《おく》することがなかった。

表現がえげつないが、処女を奪い去られるべくして、そこに横たわっていた。アメリカは素早くベッドに入って、眠れる姫をレイプした。そして、何事もなかったかのように装い、今日にいたっている。

わざわざペリー艦隊の艦旗を取り寄せたマッカーサー

太平洋は世界の七つの海のなかで、もっとも大きい大洋だ。

先の大戦は日本から西洋に、戦争を仕掛けたのではない。アジアは、シャム王国（現タイ王国）と、ネパールと、日本を除いて、すべてヨーロッパと、アメリカの植民地だった。中国は、半植民地状態にあった。

シャム王国とネパールは、ヨーロッパ各国がアジアでの領土獲得合戦を展開した緩衝地帯として、残っていた。唯一つ、独立国家として残っていたのが、日本だった。

マクロにアジア史を見ると、ペリーと一〇〇年後に日本に降伏文書への署名を強いたマッカーサーの位置づけが、ハッキリとする。戦争の責任は第一義的に、アメリカにあった。

二人はどちらも、自己顕示欲に満ちていた。コーンパイプを銜《くわ》え、サングラスを付け、古代ローマの格闘士のような顎《あご》をもったマッカーサー。かたや、ペリーは、ブロードウェイのプロデューサーを彷彿《ほうふつ》とさせる。

マッカーサーはペリーを意識し、自らの姿を重ねた。

降伏文書調印式は、一九四五（昭和二十）年九月二日に行なわれた。マッカーサーはペリーが浦賀に黒船艦隊を率いて、来航した時に掲げた旗の現物を、アメリカ本土のアナポリスにある海軍兵学校から、その日一日だけの催しのために、わざわざ取り寄せた。

降伏文書調印式は、戦艦『ミズーリ』号艦上で挙行された。マッカーサーはアメリカ国民に対して、自分をペリーの再来であるかのように演じてみせた。

調印式の場所は、黒船艦隊のうちの『サスケハナ』の投錨地だった。

アメリカは一八五三（嘉永六）年にペリーが目的としたアメリカ海軍基地を、ついに手に入れることができた。それが、アメリカの横須賀海軍基地である。

アメリカ人は、派手な演出を好む。ペリーの艦隊の星条旗を掲げることで、一世紀を隔てて、その悲願を達成したことを演出した。

第2章　ペリーが開けた「パンドラの箱」

パリ講和会議における日本の人種差別撤廃提案

この五〇〇年の世界史は、白人の欧米キリスト教諸国が、有色民族の国を植民地支配した、壮大なドラマだった。

そのなかにあって、その流れに影響されることなく、神の奇跡のように取り残されていたのが、日本という世界史に比類ない国家だった。

江戸時代の日本は封建時代だったと、世界史のなかで一様に位置付けられている。しかし、庶民の文化によって栄えていた。

たしかに、士農工商の上下関係の区別はあったが、きわめて平等な社会だった。今日の文明世界でも信じることができないような、安全で、平和な社会があった。

おそらくこのような世界の外にみられない平等主義《エガリタリアニズム》は、日本人が古代から尊んでいた、「和」の心から発するものだろう。「和」は、日本に独特なものだ。

江戸は当時の世界最大の都市国家で、平和で、平等な社会が実現していたと、述べた。

この日本人の平等の精神が、第一次世界大戦後に行なわれたパリ講和会議においても、発揮されたことは、特筆に値する。

第一次大戦に勝った連合国が、一九一九（大正八）年一月からパリに集い、ドイツにどのような条件を課するか、討議したのがパリ講和会議である。日本も連合国の一員だった。

この会議では、各国首脳が講和だけでなく、国際連盟の創設を含めた、大戦後の新たな国際体制づくりについても、協議した。

日本は二月十三日の国際連盟委員会で、「各国民均等の主権は国際連盟の基本的綱領」であるべきであって、「連盟員たる国家における一切の外国人に対し、いかなる点についても均等公正の待遇を与え、人種あるいは国籍の如何《いかん》により、法律上あるいは事実上、何ら差別を設けざることを約す」という条文を、宗教の平等を唱えた連盟規約二十一条に付け加えるように、提案した。すると、宗教規定そのものが取り除かれて、人種差別撤廃提案として、改めて提出された。

アメリカのウィルソン大統領が、議長だった。こうした動きに対して、アメリカでは内政干渉だとして、強く反発した。アメリカでは黒人を「ニガー」と呼んで、法的にも、社会的にも差別していた。アメリカ上院は提案が採択されれば、条約を批准しないという決議を行なった。

白豪主義のオーストラリアのヒューズ首相も、不快を示すために、退席するほど強硬だった。日本の主張が入れられれば、署名を拒否して帰国すると、発表した。

アメリカも、オーストラリアも、イギリスも、人種差別のうえに築かれた国だった。

日本は四月十一日に再提案を行ない、連盟規約の前文に「各国民の平等及びその所属、各人に対する公正待遇の主義を是認」という文言を、挿入するように求めた。

イギリス、オーストラリアが反対するなか、ウィルソン大統領は「本件は、平静に取り扱うべき問題である」として、日本代表団に提案の撤回を求めた。

ところが、日本代表団の牧野《まきの》伸顕《のぶあき》元外相はそれに従わず、採択を求めた。イギリス、アメリカ、ポーランド、ブラジル、ルーマニアなどが反対したものの、出席一六カ国中セルビアをはじめとする一一カ国の小国が賛成し、圧倒的多数をもって、可決された。

だが、ウィルソン大統領はあろうことか、「全会一致でない」として、この採決を無効とした。

牧野は多数決による採択を受け入れるように求めたが、ウィルソンは「本件のごとき重大な案件については、従来とも全会一致、少なくとも反対者がいないことによって議事を進めるべきだ」といって、これまでも重大案件については、全会一致で決議してきたといって、反論した。牧野も渋々、これを受け入れざるをえなかった。

牧野はその代わりに議案を撤回する条件として、人種平等の原則を盛り込む提案を行なったという事実と、採決の記録を議事録に残すことを求め、受け入れられた。

いまでこそ、黒人がアメリカ合衆国大統領になっている。しかし、そのようなことは、かつて想像だにできなかった。

黒人はアフリカから奴隷として連れてこられ、物のように売り買いされた。家畜とまったく同じ扱いだった。

白人は有色人種を、同じ人間として扱ってはいなかった。もっとも、白人男性によって黒人女性が性奴隷として扱われていたから、この点では〝準人間扱い〟されていたといえないこともない。だから、今日、白人の血が流れていない黒人奴隷の子孫は、アメリカに一人としていない。

いまでは南北アメリカ大陸も、西洋史では「新大陸発見」となるが、まさか、突然のように両大陸が隆起して、出現したわけではない。大陸はもともと、そこにあった。

北アメリカには、インディアンという先住民族が、住んでいた。もともといた有色人種の非キリスト教民族を、まるで野獣狩りでもするかのように冷血に虐殺して、白人キリスト教国家を建設したのが、アメリカである。

南アメリカでも、同様のことが起こった。アジアにおいても、白人キリスト教国家が有色民族諸国に対して侵略を働き、植民地支配による搾取と、差別が行なわれた。日本人も、白人ではない。有色民族である。こうした白人の横暴を、同じ有色民族として、誇りある日本人は看過することができなかった。

パリ講和会議において、牧野が人種差別撤廃提案を行なった背景には、こうした目を覆うべき覇道世界の醜い現実があった。

人種差別撤廃の提案が、十一対五の圧倒的多数で可決されたにもかかわらず、ウィルソン大統領は、「全会一致でない」として、この決定を葬ったのだった。今日の文明世界では、ありえないことである。

三〇〇年以上、スペインの支配下にあったフィリピン

白人キリスト教徒のアジア侵略に対して、アジアの国々で、どのようなことが起こったのだろうか。

フィリピンは十九世紀末からアメリカによって支配されたが、その前はスペインの植民地だった。

コロンブスがアメリカ大陸を〝発見〟したのが一四九二年だったが、このころスペインはポルトガルと、世界征服を競いあっていた。

有名なマゼランは、ポルトガルで生まれ、二十五歳のころ東回りの遠征に参加して、マレー半島まで到達した。

その後、国籍をスペインに変えて、旗艦『トリニダッド』号と五隻によって構成される艦隊と二三七人の隊員を率いて、一五一九年九月二十日に、西回りの遠征に出発した。

平和な大洋――「パシフィコ」と自ら名付けた大海を、三カ月と二〇日かけて渡り、一五二一年三月十六日の夕方に、ついにフィリピンに到着した。その日は、レイテ湾の入り口にあるスルアン島沖に、錨を降ろした。

ちなみに、この投錨地には、その四二三年後の一九四四（昭和十九）年十月十七日、先の大戦中に日本の手によって独立を獲得したフィリピンに、アメリカ軍が侵攻した時の最初の上陸地点となっている。

マゼランは翌日、レイテ湾に浮かぶオモンオン島に、二十八日にはリマサワ島に上陸した。復活祭の日曜日である三十一日には、「最初のミサ」を挙行している。

マゼランはその日の夕方、海を見下ろす丘の上に十字架を立て、フィリピン諸島を「サン・ラザルス諸島」と、命名した。フィリピンに到着した三月十六日が、聖ラザロの安息日であったからだった。

マゼランは聖なる使命を記念する儀式が、一段落したのを受けて、四月七日にセブ島に到着し、沖合から大砲をいっせいに発射した。

マゼランは武力によって威圧したうえで、セブ王フマボンとその日のうちに〝同盟関係〟を結ぶと、一気にキリスト教の布教を開始した。一日でフマボン王妃、皇太子を含め八〇〇人あまり、数日のうちに二二〇〇人以上の洗礼が行なわれた。

セブ島を攻略したマゼランは、さらに近くのマクタン島へと触手を伸ばした。マゼランはセブ王に、もしセブ王フマボンに刃向かう者があれば、共に戦うと約束していた。

マゼランがセブ王に従属するように要求したのに対して、マクタン島のラプラプ首長は、「私はいかなる王にも、いかなる権力にも従わないいし、貢物もしない。もしわれわれに敵が向かって来るなら、竹と棍棒《こんぼう》で生命をかけて戦う」と言って、拒《こば》んだ。

マゼランは怒って、部下六〇人とフマボン王の手下を一〇〇〇人率いて、四月二十六日の真夜中にマクタン島へ向かった。浅瀬と珊瑚礁のために海岸へ近づけなかったので、翌朝、マゼランは四九人の銃兵を従えて海岸に近づき、一斉射撃を行なった。

ところが、ラプラプ軍は一向にひるまなかった。銃弾を盾で防ぎながら、数百の矢を放った。マゼランは民家に火を放った。

これが、かえって勇猛なラプラプ軍の勇士の闘志を燃えあがらせ、ラプラプ軍の攻撃が激化した。

ついに、一本の毒矢がマゼランの右足を貫いた。

マゼランはこれが致命傷となって、最期を遂げた。最後のとどめとして、ラプラプがマゼランの首を、切り落としたという。

西洋史では、マゼランが世界一周の快挙に挑戦し、太平洋を横断して、フィリピンにいたり、不運にも土人に殺された、という話になっている。しかし、これは西洋史から見た史観である。

フィリピンの歴史教科書の記述は、当然のことに異なる。

「マクタンの戦いは、フィリピン人が外国の侵略者から独立を守ることに、はじめて成功した誇らしい記録である」

その後、フィリピンはスペインによって三百数十年間（その間、一七六二年より二年間は、イギリスの支配下）にわたって植民地支配を受け、その後、スペイン軍が一八九八年八月十三日に、来攻したアメリカ軍に降伏した。

　十二月十日にパリで、アメリカとスペインの間で条約が締結されて、フィリピン人の意志をまったく顧慮することなく、一八九九（明治三十二）年フィリピンはアメリカの領土になった。

白人不敗神話の終焉と日本

　その後の四十数年、アメリカはフィリピンを植民地支配した。ちなみに当時のアメリカ軍司令官は、日本を占領したダグラス・マッカーサー元帥の父親だった。

　フィリピンでは、スペイン、イギリス、アメリカの支配下にあって、その植民地支配に対して多くの反乱が起こり、抵抗が休みなく続けられた。

　フィリピン独立の決定的なターニングポイントは、日本軍が一九四一（昭和十六）年にフィリピンに上陸して、軍政を施《し》いた時に訪れた。

　当時、父親の後を継いで、フィリピンにいたダグラス・マッカーサーは、「アイ・シャル・リターン」という、有名な逃げ口上を残して、オーストラリアへ脱出した。

　マッカーサーは自己中心主義者だったから、民主主義国の軍人なら「ウィ・シャル」と言うべきだったのに、「アイ・シャル・リターン」と言った。

日本は一九四三（昭和十八）年に、フィリピンを独立させた。

一九四五（昭和二十）年八月十五日に、日本は戦闘行為を停止した。アメリカ製のフィリピン共和国が独立をしたのは、その翌年の一九四六（昭和二十一）年だった。だが、独立の気概をフィリピン国民に与えたのは、日本だった。

フィリピン大学歴史学部のレティシア・R・コンスタンティーノ教授は、著書のなかに「白人不敗神話の終焉」という章を設けて、次のように述べている。


「東アジアに対する日本の軍事進出は、いろいろの意味で、アジアに解放をもたらす力を、存分なまでふるった。

日本帝国の軍隊が、香港、ビルマ、インドシナ、インドといった、西側帝国主義の要塞をつぎつぎと攻略していった素早さは、それまで白人は不敗と信じていた諸民族を、驚愕させた」


白人の不敗神話を崩壊させたことでは、まず日露戦争の日本の勝利が世界に与えた衝撃が、大きかった。

しかし、コンスタンティーノ教授が指摘するように、第二次世界大戦（日本側は、この戦争を「大東亜戦争」と命名している）における日本軍の緒戦の目覚ましい勝利が、白人の不敗神話という幻想を、完膚なきまでに叩きつぶしたことが、フィリピン人に大きな衝撃を与え、希望をいだかせた。

日本はそれまでの白人の支配者とちがって、アジア諸国民に民族自決の精神を涵養《かんよう》した。日本人は幕末から明治にかけて、西洋の列強によって不平等条約を強要された屈辱を、忘れていなかった。

日本はアジアの国造りに取り組み、日本軍は現地の青年たちに軍事訓練を施した。このことが、フィリピンをはじめ、アジア諸国が独立するのに当たって、強力な援《たす》けとなった。

幕末の日本人は、白人だけが人間だと信じる、キリスト教徒による暴虐な殺人と略奪が、アジアにおいて次々と続いたのを、知っていた。だから、ペリーの黒船艦隊が浦賀に出現した時に、江戸の衝撃が大きかったことが、想像できる。

しかも、黒船はシェル・ガンという先端兵器を搭載した、蒸気船だった。

インドネシア独立に果たした日本の功績

インドネシアの植民地支配は、一五九六年にオランダがジャワに艦隊を派遣したことに始まる。インドネシア人は悲しいことに、抵抗する術《すべ》を持たなかった。オランダは一六〇二年に、東インド会社を設立した。その七年後に、ジャワにオランダ総督府を開設した。

オランダの三五〇年あまりにわたるインドネシア支配に終止符が打たれたのは、やはり、一九四二（昭和十七）年の日本軍の侵攻によるものだった。

インドネシアにあったオランダ軍は、生命《いのち》惜しさに、わずか七日間で降伏してしまった。

インドネシアには、太古の昔から、白馬に跨《また》がる英雄が率いる神兵がやってきて、インドネシアの独立を援けてくれる、という伝説があった。日本軍の侵攻は、まさに伝説の神兵の到来を思わせた。日本兵は、神話の軍隊だった。

ジョージ・S・カナヘレは、著書『日本軍政とインドネシア独立』のなかで、日本の果たした役割として、次の四点を掲げている。

一、オランダ語や、英語を禁止した。このために、公用語としてインドネシア語が普及した。

二、青年に軍事訓練を課し、厳しい規律や、忍耐心を教え、勇猛心を植えつけた。

三、オランダ人を一掃し、インドネシア人に高い地位を与え、能力と責任感を身につけさせた。

四、ジャワにプートラ（民族結集組織）や、ホーコーカイ（奉公会）の本部を置き、国土の隅々まで支部を作り、組織の運営方法を教えた。

それまで、インドネシアにおける公用語は、オランダ語だった。

日本は第二次大戦で、アジアの国々を侵略したとされている。

しかし、どうして侵略をする国が、侵略をされた国の青年に軍事教練を施し、精神力を鍛え、高い地位を与え、民族が結集する組織を全国にわたって作り、近代組織の経営方法を教えるということがあろうか？

この事実はとりもなおさず、侵略したのが日本ではなかったことを、証明している。

日本がアジアの国々を侵略していた西洋諸国から、アジアの国々を独立させるために、あらゆる努力を惜しまなかったと見るのが、正しい認識であると思える。

もちろん、日本は「自存」のために、大東亜戦争を戦ったのであって、アジアの解放のために戦ったのではなかった。しかし、いったん戦端が開かれると、アジア人のためのアジアを創造する強い情熱に駆られたことも、事実である。これこそ、日本人による大きな国際貢献だった。

独立記念日の日付は、なぜ05817なのか

日本軍はインドネシアにおいて、PETAを創設した。PETAは「祖国防衛義勇軍」の略称であって、隊員が三万八〇〇〇人を数えた。独立後のスハルト大統領、ウマル副大統領、スロノ国防相をはじめとする多くのリーダーが、PETAの出身である。PETAは、後のインドネシア国軍の母体となった。

日本は一九四五（昭和二十）年八月十五日に敗れたが、インドネシアでは、八月十七日にハッタとスカルノによって、独立宣言が発せられた。

敗れた日本軍は、戦勝国による日本に対する報復を恐れて、ハッタとスカルノが独立を宣言するのに強く反対した。しかし、二人は独立宣言を、強行した。

ちなみに、インドネシアの記念すべき独立の日は、〝〇五年八月一七日〟となっている。〇五年は、インドネシアのイスラム暦ではない。もちろん、イスラム教徒であるインドネシア人が、植民地支配者のキリスト暦を用いるはずがなかった。

では、〇五は何であろうか。ジャカルタの中心にあるムルデカ（独立）広場に、ハッタとスカルノの全身像とともに、高さ三七メートルの独立記念塔が聳《そび》え立っている。碑には、独立宣言文と、０５８１７という日付が刻まれている。

この塔の地下一階の扉の奥に、独立宣言書の実物が納められている。ハッタとスカルノによって、一九四五年八月十七日に署名されたものである。そこにもハッキリと、０５８１７と記されている。

〇五年は、日本の「皇紀《インペリアルカレンダー》」なのだ。日本を建国した神武《じんむ》天皇が即位した年から数えて西暦一九四五年は、皇紀二六〇五年にあたった。

ハッタとスカルノは日本に感謝して、皇紀を採用したのだった。インドネシアの独立は、その生みの親となった日本の「天皇の暦」によって、祝福されたのだった。

もし、仮に日本がインドネシアを侵略したのだったならば、インドネシア国民が国家の独立を宣言した日として、「皇紀」を使って日付を入れることは、絶対になかったろう。

この事実ひとつを取ってみても、日本がアジアに対して侵略戦争を行なったという、欧米の歴史認識は根底から、音を立てて崩れる。

それなのに、今日の日本では、日本がアジアを侵略したと信じている国民が多いのは、なぜだろうか。敗戦後の日本人の商売熱心には感心させられるが、このような日本人は戦勝国や、日本を嫌っている国々へ、自国の歴史も売ったのも同然だろう。

今日、市ヶ谷の日本の防衛省の構内には、インドネシア政府によってインドネシア独立軍司令官だったスティルマン将軍の銅像が寄贈されて、立っている。スティルマンも、PETAの出身だった。かつて連合国が日本に対する報復として、非合法な東京裁判を行なった場所でもある。

敗戦国となった日本で東京裁判が行なわれたが、日本は「平和に対する罪」という、それまで国際法になかった「罪」によって裁かれていた、まさにそのとき、インドネシアで何が起こっていたのだろうか？

インドネシア独立戦争で戦死した一〇〇〇人の日本兵

日本の降伏後、インドネシアの全国民のあいだには、独立の気概が燃え上がっていた。そこに、なんとオランダが軍隊を立て直し、もう一度、植民地支配をしようとして、インドネシアに侵攻した。

かつてのオランダ支配下で、インドネシア人は羊のように従順だったから、今度もさしたる抵抗はあるまいと、みくびっていたのである。

ところが、日本の手によって建軍されたPETAが中心となって、独立戦争のために立ち上がった。だが、独立戦争を戦うには、武器が必要だった。

連合国軍の東南アジア総司令官マウントバッテン提督と日本の南方総軍が、日本軍の武装解除を定めた降伏協定を結んでいた。そのために、日本軍はインドネシアの同志に、武器を与えることができなかった。

日本人は「白魔」——日本では幕末から、白人がそう呼ばれていた——からの「アジア解放」を願い、インドネシア国民の独立精神を培《つちか》ったから、本心ではインドネシアの独立に協力したかった。そこで、日本軍は武器を奪われたふりをしたり、故意に置き忘れたりして、独立軍に武器を供給した。

日本軍は敗れる前に、インドネシア青年に飛行機の操縦も、教えていた。日本は海上封鎖を受けて、本土で石油が欠乏したために、航空兵の養成の目的で、油田のあるインドネシアに、多くの初級練習機を運び込んでいた。

独立戦争におけるジャワ島の戦いでは、旧日本軍の二枚翼の練習機が、胴体の日の丸の半分を白く塗りつぶし、爆撃装置がなかったために、眼下のオランダ軍に手摑みで、爆弾を見舞った。インドネシア国旗は、赤白の二色である。

この日の丸が塗り替えられた練習機が、いまもジャカルタの軍事博物館の庭に、誇らしげに展示されている。

中部ジャワのスマランでは、共産党過激派が武装集団を組んで、共産党下の独立をはかっていた。共産党によって「日本軍は連合軍の手先となって、インドネシアの独立を妨げる敵だ」とか、「日本人は水道に毒を入れた」などのデマが広がった。

インドネシア共産党は日本軍が反撃できないことを知って、日本軍から武器を奪い、日本の民間人を殺害した。中部ジャワ地区の防衛司令官官邸が襲撃され、旅団長が監禁され、日本海軍将兵三一人が拉致された。

スマランの治安に当たっていた歩兵第四十二連隊の大隊が、仕方なく戦闘を開始した。治安の回復と、拉致日本人の救出が目的だった。部隊が共産党過激派の拠点を占領して、日本人が収容されていたブルー刑務所に突入し、日本人三〇〇人あまりを救出した。だが、一三〇人の日本人が、惨殺されていた。

ブルー刑務所には、日本の軍人軍属、民間人が小さな部屋に三五人ずつ、四〇〇人あまりがとらわれていた。オランダ人や、オランダ・インドネシアの混血人も収容されていた。

日本兵が突入をはかると、共産党は日本軍から奪った機関銃で、攻撃してきた。それを制圧して、なかに入ると、どの部屋も血の海のなかに、死体が折り重なっていた。竹槍で突き刺されたうえで、手榴弾が投げ込まれていた。

日本人は息を引き取りつつも、壁に思いを書き遺した。寺垣俊雄《てらがきとしお》司令官は「大義に死す」と、血書していた。ほかにも「天皇陛下万歳」「インドネシア独立万歳」「バハギアインドネシア　ムルデカ（インドネシア語でインドネシア独立万歳）」など、血文字が壁に書かれていた。

当時の日本人にとって、アジア解放は大義だった。いまの日本人に、そのような気概があるだろうか。国際協力だとか、国際貢献だといって、政府の予算をもらってバラまくことによって生計をたてて、自己満足に浸っている日本人が多い。

今日、日本がアジア諸国から尊敬されなくなったのは、アメリカに追従して、経済利益だけを追求して、先の大戦に敗れるまでいだいていた気高い精神を、失ったからにちがいない。歴史を失った国には、品格がない。

ジャカルタの郊外のカリバタ英雄墓地には、日本が降伏した後に、インドネシア独立軍に身を投じて、イギリス、オランダ軍に対して独立戦争を戦った多くの日本兵が葬られている。これらの日本人にとっては、日本が降伏しても、まだ「大東亜戦争」は終わっていなかったのだった。

インドネシアの独立戦争では、日本が降伏した後に、二〇〇〇人といわれる日本兵がインドネシアに残って、インドネシアの人々とともに戦い、半数が戦死した。

ベトナムにも、フランス軍がフランスの植民地に再びしようとして、来襲した。多数の日本兵が残留して、ベトナム独立のために血を流した。

イギリスのインド支配とチャンドラ・ボース

インドではイギリスが一六〇〇年に東インド会社を設立して、インドの植民地化に着手した。

イギリスはマドラス（一六三九年）、ボンベイ（一六六一年）、カルカッタ（一六九〇年）に東インド会社をつくり、イギリス領とした。

侵略は、さらに続いた。プラッシーの戦い（一七五七年）、カルナータカ戦争（一七六三年）、ブクサールの戦い（一七六四年）、マイソール戦争（一七九九年）、マラータ戦争（一八一九年）、シーク戦争（一八四五年）によって、支配地域を拡げた。

一八五七年から五九年にかけて、反イギリス民族闘争である、有名なセポイの反乱が起こった。

日本の明治維新は、一八六七（慶応三）年だった。インドでは一八六九（明治二）年に、マハトマ・ガンジーが生まれた。一八七七（明治十）年に、イギリスが直接インド全土を統治するインド帝国が、成立した。ビクトリア女王が「インド皇帝」として、即位した。一八九七（明治三十）年に、チャンドラ・ボースが生まれた。

イギリスの植民地支配に対して、無抵抗主義を貫いたのが、マハトマ・ガンジーだった。マハトマは、「聖者」を意味する。

ボースはガンジーと対照的に、武闘派だった。ボースは前大戦中に、日本に援けられて、インド国民軍（ＩＮＡ）を結成して、司令官として戦った。ボースはインドでいまでも「ネタージ」（偉大な指導者）と呼ばれ、生誕地のベンガル地方で英雄として、崇められている。

ボースは名家に生まれ、三十三歳でカルカッタ（現コルカタ）市長、四十一歳でガンジー、ネールと並んで、国民会議派の議長となった。

イギリス統治下で、インド各地に建てられたイギリスの記念物や、銅像を破壊、撤去する運動によって投獄されたが、脱走した。アフガニスタンを徒歩で踏破して、遠くドイツまで逃れた。ドイツでは厚遇された。在留インド人や、アフリカ戦線に送られていた英印軍のインド人捕虜を集めて、義勇軍を組織した。

ボースはヒトラーと、会見した。この時、インド独立を支援する声明を出してもらいたいと依頼したが、ヒトラーに「インドが自治政府を持つには、あと一五〇年はかかるだろう」と、冷たくあしらわれた。ヒトラーはボースを反英工作に利用したかったが、ヒトラーは白人優越主義の優等生であって、アジア人を劣等人間《ウンターメンシュ》として見下していたから、インド独立は念頭になかった。

東條英機首相はシンガポール陥落後に帝国議会において、「インドもイギリスの暴虐なる圧制下から脱出して、大東亜共栄圏に参加すべき絶好の秋《とき》である」と、演説した。

日比谷公会堂で行なわれたボースの演説

その年、一九四二年にインドで、「八月事件」が起こった。「イギリスよ、出て行け」という国民会議派の決議に対して、全土にわたって、反英デモが挙行された。イギリスはスピットファイアー戦闘機を飛ばして、上空から群衆に機銃掃射を加え、容赦なく弾圧した。死者が九四〇人、逮捕者は六万人にのぼった。

日本政府は同じころ、ボースを支援することに決定して、ボースは日独合意のもとに、海路で日本へ向かった。

ボースはキール軍港を一九四三(昭和十八)年二月八日に、Uボートで出発し、マダガスカル沖で日本の潜水艦に移乗した。日本の占領地で軍用機に乗り換えて、五月十六日に東京に到着した。

ボースは嶋田《しまだ》海軍大臣、永野《ながの》軍令部総長、重光《しげみつ》外務大臣などと会ったうえで、東條首相と会談した。

ボースは内外記者を集めて会見を行ない、インドへ向けてラジオ演説をした。そのうえで、日比谷公会堂の壇上から、二時間にわたって演説した。

「約四〇年前に、私がようやく小学校に通い始めた頃に、アジア民族である日本が世界の巨大な白人帝国のロシアと戦い、大敗させた。このニュースがインド全土に伝わると、興奮の波が全土を覆った。

インドのいたるところで、旅順《りよじゆん》攻撃や、奉天《ほうてん》大会戦や、日本海海戦の勇壮な話によって、沸き立った。インドの子供たちは、東郷《とうごう》元帥や、乃木《のぎ》大将を慕った。親たちが競って、元帥や、大将の写真を手に入れようとしても、それができず、その代わりに市場から日本製の品物を買ってきて、〝アジアの希望の光〟のシンボルとして、家に飾った。

そのあいだ、インドの革命家たちは、どうして日本が白人の超大国を打ち破ることができたのか、学ぶために、日本を訪れた。

日本から、岡倉天心《おかくらてんしん》をはじめとする先覚者がインドを訪れ、アジアを救う精神を説いた。岡倉こそ、『アジアは一つ《エイシア・イズ・ワン》』と断言した、偉大な先覚者だった。

このたび、日本はインドの仇敵であるイギリスに対して、宣戦した。日本はわれわれインド人に対して、独立のための千載一遇の機会を与えてくれた。われわれはそれを自覚し、心から感謝している。

一度、この機会を逃せば、今後、一〇〇年以上にわたって訪れることはないだろう。勝利はわれわれのものであり、インドが念願の独立を果たすことを、確信している」

ビクトリア女王が「インド帝国」皇帝として即位してから、六六年目に当たる一九四三（昭和十八）年十月、ボースを首班とした自由インド仮政府が樹立された。

ボースはシンガポールにおける大会で、満場の拍手をもって、仮政府首班に推挙された。ボースは所信表明で、「デリーへ（チャロ・デリー）！」という、祖国インドへ向けた歴史的な進撃の開始を、宣言した。

ＩＮＡ将兵は日本軍とともに、インド・ビルマ国境を越え、インパールを目指して、「チャロ、チャロ、デリー！（往け、往け、往けデリーへ）」と雄叫びをあげ、そう大書された横断幕を掲げて、進軍した。「チャロ・デリー」は軍歌ともなって、今日でも多くのインド国民によって愛唱されている。ボースは将兵を「われらの国旗を、デリーのレッド・フォートに掲げよ」と、激励した。

自由インド仮政府は、日本とともに、イギリス、アメリカに対して、宣戦を布告した。

この年十一月五日から六日間にわたって、東京で大東亜会議が開催された。

東條首相、満州国の張景恵《ちょうけいけい》国務総理、中国南京《ナンキン》政権の汪兆銘《おうちょうめい》行政院長、フィリピンのラウレル大統領、ビルマのバー・モウ首相、タイのピブン首相代理であるワンワイタヤコン殿下らの首脳が、一堂に会した。ボースはインド代表として、参加した。

これは、人類の長い歴史において、有色人種によって行なわれた、最初のサミットとなった。人類に人種平等をもたらした、出発点となった。まさに、日本史における輝かしい一瞬だった。

今日、日本の多くの学者が、大東亜会議は日本軍部が「占領地の傀儡《かいらい》」を集めて、国内向けに宣伝のために行なった会議だったと、唱えている。しかし、このような日本人こそ、日本を精神的に支配しようとする、外国の傀儡というべきである。

ボースは、大東亜共同宣言が満場一致で採択された後に演説し、この宣言がアジア諸民族のみならず、「全世界にわたる被抑圧民族の憲章となることを願う」と、訴えた。

ボースは一九四四（昭和十九）年十一月に、再度、来日したが、日本を取り巻く戦況は一変していた。この年三月から、日本軍がＩＮＡとともに、インド国内に攻め込んだインパール作戦が展開されたが、食糧弾薬の補給が続かず、六月には占領したコヒマを放棄して、総崩れになって退却した。

七月にサイパン島が、アメリカに奪われた。日本は九月にペリリュー島から始まって、グアム島、テニアン島といった島々を失っていた。

そうしたなかで、ボースの講演会が、再度日比谷公会堂で行なわれた。

ボースは、雄弁だった。「アジアに住むインド人は、人的、物的資源を総動員して、日本と生死を共にする」と、訴えた。

日本なしに、アジアの解放はなかった。一九四五（昭和二十）年に、日本は降伏したが、ボースは敗れなかった。

INAのインパール作戦からの残存兵力二六〇〇人と、マレー半島で訓練を受けていた新編師団が、バンコクに移動していた。

ボースはこれらの兵力を中国北部に移動させて、ソ連の支援を取りつけ、中央アジアからインドへ、デリーを目指して進撃する計画を立てた。

ボースはサイゴンを飛び立ち、八月十八日に台北に到着した。日本軍輸送機が大連《だいれん》へ向けて離陸した直後に、エンジン故障で墜落して、ボースは重傷を負った。ラーマン副官に「私は生涯を祖国独立に捧げて、いま死ぬ。独立の戦いを続けるよう！」と遺言して、反英闘争に捧げた生涯を閉じた。

インパール作戦は、けっして犬死にではない

イギリスはＩＮＡ将校たちを、イギリス国王に銃を向けた反逆罪によって、裁いた。一万九〇〇〇人のＩＮＡ残存兵力のうち、ヒンズー教徒、イスラム教徒、シーク教徒の将校を一人ずつ選んで、軍事裁判の被告席に座らせた。ムガール帝国（一五二六〜一八五七年）が築いた壮麗な城塞であるレッド・フォートが、法廷として使われた。

ヒンズー教、イスラム教、シーク教は、インドの三大宗教である。被告席に座らせられた三人の将校は、インドそのものを裁く、象徴だった。

一九四五（昭和二十）年十一月五日に、裁判が始まった。すると、インド全土にわたって、不法な裁判を即時停止すること、被告たちを即時釈放すること、インド統治権をインドに返還すること、さらにイギリス人の引き揚げを要求する運動が、自然発生的に起こった。

裁判の弁護団打合せが行なわれ、証人としてデリーに護送されていた、沢田廉三《さわだれんぞう》・前駐ビルマ大使（日本が独立させたビルマに、派遣されていた）が、「みなさんはＩＮＡが日本軍の手先で、インド将兵は自由意志によらず、日本軍によって強制されたと主張して、罪を軽くする方向にもってゆくのが、良策だと思う」と、提案した。

するとと、インド側全員が憤って、沢田に対して、「インド人を侮らないでほしい。INAは、日本軍と対等な立場で、共同作戦を行なった独立軍だった。日本軍の傀儡ではけっしてなかった。そのようなことを、絶対に言ってほしくない。その結果として被告全員が死刑となっても、インド国民に悔いはない」と、口々に言った。

抗議行動がインド全土に、たちまち拡大した。ボースの出身地のカルカッタでは、一〇万人のデモが起こった。

レッド・フォートの周辺では、イギリス人指揮官が警官隊に発砲するように命じて、数百人の死傷者が発生した。ついに、全国民がイギリスの支配に対して立ち上がって、反抗した。

イギリスはどうにも対応のしようがなくなり、一九四六（昭和二十一）年一月三日に、被告への刑の執行停止を発表せざるをえなかった。

これを受けて、ニューデリーで「釈放祝賀大会」が催され、会場にチャンドラ・ボースの巨大な肖像画が飾られ、釈放された被告たちが万雷の拍手と、大歓声のなかで、凱旋将軍のように迎えられた。

しかし、イギリスのインド軍総司令官だったオーキンレック大将が、「被告については問責しないが、イギリス軍に対する拷問、殺人の非人道的犯罪について、法に基づいて裁く」と、発表した。

イギリスが数百年にわたって、どれだけ多くのインド人を拷問虐殺して、非人道的に振舞ってきたことだろうか。

抗議デモが引き続き各地で頻発し、カルカッタでは警官が発砲して、一九人の死者がでた。

民衆につづいて、ついにインド将兵が愛国心に駆られて、立ちあがった。軍港や、兵営で、イギリスの国旗を引きずり下ろし、イギリス軍と銃撃戦を交えるまでに発展した。

イギリスはそれにもかかわらず、二月七日にニューデリーにおいて盛大な「対日戦勝祝賀パレード」を挙行することを、計画した。

一万五〇〇〇人の将兵が、東南アジア連合国軍最高司令官のマウントバッテン元帥と、インド総督のウェーベル大将の観閲を受けることになっていた。

しかし、ニューデリーでは、全戸に弔旗が掲げられ、商店も、工場も、学校もすべて休みとなり、数万人の抗議デモが行なわれた。この時のニュース映画をみると、デモ隊のなかに、手製の日章旗を振っている者が、何人かあった。日本人は、大いに誇るべきである。

当時の日本は、アメリカの占領下にあって、報道にも厳重な検閲が行なわれていたから、日本国内でこのような現実は、いっさい報じられることがなかった。

一九四七（昭和二十二）年八月十五日に、インドは二〇〇年にわたったイギリスの植民地支配に終止符が打たれて、ついに独立を達成することができた。

独立後、レッド・フォートにおける報復裁判について、インド側のデサイ弁護団長は、「日本軍がインド国民軍を編成して、武器をとって進軍させてくれた。この進軍が、インド全土で国民運動となって、イギリスに独立を認めさせる契機となった。インド独立をもたらしたのは、日本軍であった」と、述べている。

今日の日本では、インパール作戦は無謀きわまりない愚行であって、多くの日本将兵が「無駄死に」したと、みなされている。日本軍が敗走して、屍《しかばね》をさらした山中の道が、「白骨街道」と呼ばれて、非難されている。

しかし、歴史を鳥瞰《ちょうかん》すれば、日本軍が大きな犠牲を払ったインパール作戦には、輝かしい意義があった。戦死した日本とINA将兵の亡霊が、デリーまで進軍したのだった。

日本は満身創痍《まんしんそうい》となって降伏したが、有色人種の解放という奇蹟を行なった。

公開された日本本土侵攻作戦計画

二〇〇六年（平成十八）年に、ワシントンの国立公文書館で先の対日戦争末期に、アメリカが作成した日本本土侵攻作戦計画文書が、すべて機密解除された。

文書には一ページごとに、「厳秘《トップ・シークレット》」のスタンプが押されており、九州上陸作戦と、本州の関東上陸作戦の二部に分かれている。

九州侵攻作戦は「オリンピック作戦《オペレーション・オリンピック》」と名づけられ、トルーマン大統領によって承認され、七月二十四日に太平洋にあったマッカーサー元帥、チェスター・ニミッツ元帥、ヘンリー・アーノルド大将の陸海空司令官に対して、作戦を実施するように極秘命令が下された。

この計画によれば、一九四五（昭和二十）年十一月一日早朝に、陸軍、海兵隊の十四個師団が、レイモンド・スプルアンス第五艦隊司令官指揮下の六六隻の空母を含む三〇〇〇隻に分乗、掩護されて、宮崎市附近、有明湾、鹿児島市の海岸に殺到することとなっていた。

十一月四日には、開聞岳《かいもんだけ》附近に上陸する。その前の十月二十七日には、九州周辺の小島群を占領して、水上機、レーダー基地などを設置する。

宮崎周辺の海岸の上陸予定地点は、アメリカ将兵の士気を鼓舞するために、それぞれ、ビュイック、キャデラック、シボレー、クライスラー、フォード、オースチンと、アメリカ国民が誇りとする乗用車の名がつけられていた。

侵攻軍には、イギリス東洋艦隊が何隻か参加する予定だったため、イギリスに対するジェスチュアとして、イギリス製乗用車のオースチンの名が加えられた。

解禁された文書によれば、九州侵攻作戦だけでも、アメリカ軍に二五万人にのぼる死者がでると推定されていた。

関東平野への侵攻は、「コロネット作戦《オペレーション・コロネット》」の暗号名が与えられ、一九四六（昭和二十一）年三月一日に相模湾《さがみ》に、二八個師団が上陸することになった。九州侵攻作戦の二倍の兵力である。

関東平野への上陸作戦には、第五艦隊の三〇〇〇隻以上の艦艇が、投入されることになっていた。

日本軍民による頑強な抵抗が予想されたので、アメリカ軍の戦死者も厖大な数にのぼることが、予想された。

マッカーサー元帥の情報担当部長だったチャールズ・ウィロビー少将が、日本が一九四六（昭和二十一）年の末まで抗戦を続けた場合、アメリカ軍の戦死者が「少なくとも、一〇〇万人」に達するとの見積りが、記載されている。

アメリカ政府が弄した奸計《かんけい》

ワシントンが日本本土を侵攻するのに当たって、恐れていたことがあった。

機密解除された文書は、こう述べている。それまでアメリカ軍は、太平洋の島々を、硫《い》黄島《おうとう》まで、「蛙飛び作戦《リープ・フロッグ》」によって奪取してきたが、どの場合にも、日本の守備隊に対して、二・五倍以上の兵力を投入した。

ところが、日本本土に上陸することになると、アメリカ侵攻軍に対して、迎え撃つ日本軍は二倍以上、あるいは民間人まで加われば、それ以上になる。日本人ほど悪魔に憑依《ひょうい》されたように狂信的に戦う民族はないとされていたから、アメリカが持てる力をすべて投入しても、日本を屈伏させるには、一九四七（昭和二十二）年までかかるとみられた。

この機密文書によれば、日本は海に空に陸に、軍民が休みなく特攻攻撃《スイサイド・アタック》を行ない、アメリカ軍に出血を強いることになる。事実、アメリカの占領後に行なった調査では、敗戦時に日本は、五六五一機の陸軍機と、二〇七四機の海軍機を含め、合計一万二七二五機の爆撃機、戦闘機、偵察機を、堅固な掩体のなかに温存していた。

そのために、日本が降伏するのに当たり、連合国側が無条件降伏を要求したとしたら、原子爆弾を投下したとしても、日本国民が抗戦をやめることがないと、思われた。

そこで、アメリカ政府は国務次官だったジョセフ・グルー前駐日大使の献策もあって、奸計《かんけい》を弄した。

日本に和平を強いるために、天皇制を温存することを餌にして、「条件付き降伏《コンディショナル・サレンダー》」を申し出る《オファー》ことにした。

一九四五（昭和二十）年七月二十六日に、トルーマン大統領がベルリン郊外のポツダムにおいて音頭をとって、アメリカ、イギリスの首脳会談を催し、日本に条件付き降伏を求めるポツダム宣言を発した。蔣介石政権は招かれなかったが、事後に参加した。

その時アメリカは、日本の手強さに手を焼き、ソ連に参戦するように誘った。その結果、ソ連もポツダム宣言に加わり、八月八日には日ソ中立条約を蹂躙《じゅうりん》して、日本に襲いかかった。

ポツダム宣言は、日本軍に対してのみ無条件降伏を要求し、日本政府に対しては条件降伏を迫った。その証拠に「われらの条件は以下のとおりである（傍点は筆者による）」と、条件を羅列していた。ところがアメリカは、いったん日本を占領し、日本軍の武装解除を行なうと、まるで手品のように、日本が無条件降伏をしたことに、擦り替えた。

天皇を人質にとって、アメリカの言いなりにならなければ、天皇を東京裁判の被告人に仕立て、生命も保障しないと脅したから、日本は従わざるをえなかった。

アメリカによる対日占領は、三年余の対日戦争よりもはるかに長く、六年以上にわたった。アメリカはまず日本を物理的に打ち破り、そのうえで日本人の精神を打ち砕くことに努めたから、十分な時間を必要としたのだった。

「パンドラの箱」とは何か

ペリーは一八五三（嘉永六）年に、黒船艦隊を率いて日本へやって来た時に、うっかり知らずに、「パンドラの箱」を開けてしまった。

読者も「パンドラの箱」といえば、おわかりになることだろう。

パンドラは、古代ギリシア神話の女神である。最高神のゼウスが、けっして開けないことを条件にして、パンドラに美しい箱を与えた。これは、日本の浦島太郎伝説に似ている。人類の発想は似ているのだろう。だが、強面《こわもて》な民族と、心根がやさしい民族がいるから、発想も自ずと違ってくる。

パンドラは女だから、好奇心を抑えられずに、箱を開けてしまった。その箱には、あらゆる悪が封じ込まれていた。

そのために、箱のなかにあったすべての悪が、世界に噴きだしてしまった。

ペリーが起こしたことも、同じことだった。あの傲慢《ごうまん》なペリーが、まったく予期しなかったことだった。

ペリーの襲来を境として、江戸が短期間のうちに、一変してしまった。平和で、繁栄していた江戸時代の日本文化と、人々の生活が無惨に破壊された。

ペリーは滑稽なほど思い上がっていたから、自分が江戸時代の美しい日本を破壊した意味が、まったくわからなかった。白人優位の歴史観しか、持ち合わせていなかった。パンドラの箱を開けた結果として、どうなるのかということを、理解できるはずがなかった。

日本は西洋の毒牙から生き残るために、西洋を必死になって模倣した。

日本人はもともと才能ある民族だったから、工業化に見事に成功した。日本は大国を目指して力をつけてゆき、一八九〇年代に日清戦争に勝利した。

その一〇年後には、日露戦争に勝ち、ついにはパールハーバーを襲って、日米両国間の戦端を開いた。

アメリカのペリー的なるものが、三年八カ月以上にわたった日米戦争を、もたらした。江戸市民の末裔《まつえい》が、大量に虐殺された。

だが、パンドラの箱から、あらゆる悪が出尽くした後に、残されていたのが、希望だった。

人類がこの地上に植民地が存在せず、人種平等の理想の世界を迎えることができたのは、日本が大東亜戦争に立ちあがった成果だった。

ペリーは、日本が立ちあがることになった発端を、つくったのだ。

歴史に「イフ（もし）」を唱えてはならないのかもしれないが、もし、ペリーが黒船艦隊を引き連れて浦賀沖にまで侵入し、日本人の誇りを深く傷つけることがなかったとしたら、世界史は変わっていただろう。

日本が、貪欲な西洋による帝国主義の脅威を恐れて、あのような形で富国強兵政策を取り、軍国主義を国是として、世界の強国の一つとなることはなかっただろう。

日本はペリーの黒船が江戸湾に不吉な姿を現わしてから、八八年後の一九四一（昭和十六）年十二月八日まで追い詰められ、国土がすべて灰燼《かいじん》に帰した。

しかし、その結果として、有色人種がはじめて大いなる希望の燭光《しょっこう》によって照らされ、人種平等の理想が実現した。

アジア・アフリカに、数多くの独立国が生まれた。もちろん、これはキリスト教の神の御旨《みむね》に背《そむ》くものだった。

日本は二十世紀の人種平等の神話をつくることによって、日本太古の国造りの神話を、二十世紀になって再演してみせた。新しい世界を生むことになった神話を、人類のためにつくりだした。

日本こそ、人類の希望だった。

ペリーは「パンドラの箱」を、開けたのだった。

あとがき

この本を書くのは、私にとって素晴らしい経験だった。

加瀬氏のテーマは、ルーズベルト大統領がアメリカ国民を欺いて、日本との戦争へと向かわせたことだった。私のテーマは、ペリー提督と黒船の時代にまで戻って、日米関係を検証することだった。

当初、私はペリーは不屈な海の男だが、それ以外の何者でもないと思っていた。しかし、ペリーは驚くべき人物だった。

ひとつ例を挙げれば、ペリーは日本人に取り入るために贈物を持参した。ワシントンの上司は何でも買ってよいといって、全額を負担した。ペリーは模型の汽車を買い、久里浜の浜辺にレールを敷いて、ぽぉーっと汽笛を鳴らして、蒸気機関車を走らせた。

当時、日本はこの地上で最も高度な文明国だった。蒙昧《もうまい》なアメリカ人が玩具の汽車で釣ろうとしたのは滑稽だが、大いに功を奏した。幕吏たちは、熱中した。

ペリーは日本と戦わずに、開国させようと計算した。ペリーは劇場型人間だった。

ペリーの玩具の列車を、香港まで運んでくる船が遅れた。このために、ペリー艦隊は香港に停泊しつづけ、貴重な貨物が到着するのを待った。ペリーは、日本の現地人《ネイティブス》が驚喜することを知っていた。

ペリーは私が勤めていたマンハッタンのニューヨーク・タイムズ社から、すぐのところに居を構えていた。

ペリーはまるでブロードウェイのプロデューサーのような、風貌をしていた。彼は自分を歌舞伎役者に仕立て上げ、そのように振舞った。

今日の日本人に日本の歴史上の人物で、もっとも影響力のあったアメリカ人を二人あげるようにいったら、マッカーサーと、ペリーとなろう。本文で紹介した、アメリカ海軍の御用歴史家であるサミュエル・E・モリソン提督は、「ペリーとマッカーサーは、日本の歴史上でもっとも尊敬されている二人の外国人である」と、述べている。

二人のうちではペリーが巨人だった。マッカーサーに先んじること、一〇〇年余だった。加瀬氏によれば、「ペリーが種を蒔《ま》き、そしてマッカーサーが収穫した」のだった。

パンドラの箱の神話は、箱を開けた結果、箱からあらゆる災いが飛び出したが、最後に希望が残っていたという。

ペリーが日本に来航し、日本を立ち上がらせたことで、アジア全土で、アジアの人々に独立を果たさせる結果を招いた。欧米白人による植民地支配が終焉を遂げた。被支配民の希望が実現された。白人にとっては、まさに、ペリーはパンドラの箱を開けたのだった。

二〇一一年十二月八日に、東京の国会議事堂前の憲政記念館大ホールで、対米開戦七〇周年を記念するシンポジウムが開催され、私、加瀬氏、茂木弘道《もてきひろみち》・史実を世界に発信する会事務局長などが講演した。テーマは「アメリカはなぜ日本に戦争を仕掛けたのか」というものだった。会場は超満員で、ロビーまで一〇〇人以上が溢れた。本書は、その夕の講演を敷衍《ふえん》したものである。

最後に拙稿の日本語訳を担当してくださった藤田裕行《ふじたひろゆき》氏に、心から感謝したい。

ヘンリー・S・ストークス

★読者のみなさまにお願い

この本をお読みになって、どんな感想をお持ちでしょうか。祥伝社のホームページから書評をお送りいただけたら、ありがたく存じます。今後の企画の参考にさせていただきます。また、次ページの原稿用紙を切り取り、左記まで郵送していただいても結構です。

お寄せいただいた書評は、ご了解のうえ新聞・雑誌などを通じて紹介させていただくこともあります。採用の場合は、特製図書カードを差しあげます。

なお、ご記入いただいたお名前、ご住所、ご連絡先等は、書評紹介の事前了解、謝礼のお届け以外の目的で利用することはありません。また、それらの情報を6カ月を超えて保管することもありません。

〒101―8701（お手紙は郵便番号だけで届きます）
祥伝社新書編集部
電話03（3265）2310
祥伝社ホームページ　http://www.shodensha.co.jp/bookreview/

キリトリ線

★本書の購入動機（新聞名か雑誌名、あるいは○をつけてください）

＿＿＿＿新聞の広告を見て	＿＿＿＿誌の広告を見て	＿＿＿＿新聞の書評を見て	＿＿＿＿誌の書評を見て	書店で見かけて	知人のすすめで

★100字書評……なぜアメリカは、対日戦争を仕掛けたのか

名前

住所

年齢

職業

加瀬英明　かせ・ひであき

1936年東京生まれ。外交評論家。慶應義塾大学、エール大学、コロンビア大学に学ぶ。77年より福田・中曽根内閣で首相特別顧問を務める。日本ペンクラブ理事、松下政経塾相談役などを歴任。

ヘンリー・スコット・ストークス　Henry Scott-Stokes

1938年英国生まれ。61年オックスフォード大学修士課程修了後、64年来日、フィナンシャル・タイムズ、ザ・タイムズ、ニューヨーク・タイムズの各東京支局長を歴任。三島由紀夫との親交でも知られる。

（訳者）藤田裕行　ふじた・ひろゆき

1961年東京生まれ。ジャーナリスト。上智大学外国語学部比較文化学科中退。日本銀行、外務省などで英語講師。日本外国特派員協会会員。

なぜアメリカは、対日戦争《たいにちせんそう》を仕掛《しか》けたのか

加瀬英明《かせひであき》　ヘンリー・S・ストークス

2012年 8 月10日　初版第 1 刷発行
2019年 7 月30日　第15刷発行

発行者……………辻 浩明
発行所……………祥伝社《しょうでんしゃ》
〒101-8701　東京都千代田区神田神保町3-3
電話　03(3265)2081(販売部)
電話　03(3265)2310(編集部)
電話　03(3265)3622(業務部)
ホームページ　http://www.shodensha.co.jp/

装丁者……………盛川和洋
印刷所……………堀内印刷
製本所……………ナショナル製本

Printed in Japan　ISBN978-4-396-11287-5　C0221